Annemarie
Mol

아네마리 몰, 돌봄의 논리
/ 서보경

<컴북스이론총서>는
현대를 호흡하는 사상들을 소개합니다.
단순한 사상의 축약, 해제가 아닙니다.
해당 사상가를 연구해 온 전문가가 직접
사상가의 핵심 키워드 10개를 뽑아 해설하고 비평합니다.
인간과 비인간, 현실과 가상, 문화와 야만의
경계를 넘나드는 모든 사상을 싣겠습니다.
오늘을 살아가는 모든 이의 나침반이 되겠습니다.

컴북스이론총서

아네마리 몰, 돌봄의 논리

서보경

대한민국, 서울, 커뮤니케이션북스, 2025

아네마리 몰, 돌봄의 논리

지은이 서보경
펴낸이 박영률

초판 1쇄 펴낸날 2025년 1월 17일

커뮤니케이션북스(주)
출판 등록 제313-2007-000166호(2007년 8월 17일)
02880 서울시 성북구 성북로 5-11
전화 (02) 7474 001, 팩스 (02) 736 5047
commbooks@commbooks.com
www.commbooks.com

ISBN 979-11-7307-600-8 04300

책값은 뒤표지에 표시되어 있습니다.

의료 실천에서 돌봄을 논리로 구축하기

아네마리 몰(Annemarie Mol, 1958~)은 네덜란드에 사는 인류학자다. 학부 시절 의학과 철학을 복수 전공했으며 박사 학위는 철학으로 받았다고 한다. 이후 네덜란드 학술원의 지원으로 의료에 대한 인류학적 연구를 장기간 수행했고 의료사회학과 페미니스트 과학기술학 분야를 넘나드는 작업을 이어 갔다. 2010년부터 암스테르담대학교에 교수로 재직하고 있다.

암스테르담대학교에 재직 중인 종신 교수 중 몇몇의 직함에는 주요 연구 분야가 별호로 붙어 있는데, 몰의 직함은 '몸의 인류학 교수'다. 유럽의 연구 중심 대학에는 탁월한 연구자들이 자신의 주요 관심사를 지속적으로 연구하고 후학을 일굴 수 있도록 연구 영역의 고유성을 보장하는 전통이 교수에게 별도의 직함을 주는 방식에 반영되어 있다. 전 세계의 많은 인류학자들이 몸에 대해 연구하고 관련 강좌를 개설하고 있지만 이러한 직함을 부여받은 사람은 매우 드물 듯하다. 몰은 초창기에 기술사회학적 연구를 하다가 이후 병원·요양원·가정과 같은 일상 공간에서 드러나는 신체 경험을 재해석하고 이론화하는 연구로 관심사를 옮긴 바 있으며, '몸의 인류학'에 대한 광의의 규정을 기반으로 다양한 학제의 연구자·학생들과 교류하고 있다. 2012년에는 네덜란드에서 가장 권위 있는 학술상이라고 하는 스피노자상을 받은 바 있다. 세미나를 할 때 늘 책상에 앉아 있기보다는 산책을 함께하면서 이야기를 나누는 것을 즐긴다고 한다.

몰은 특히 인류학적 연구 방법론을 기반으로 서구 철학의 주요 개념에 개입하는 작업을 감행하면서 학계의 큰 주목을 받은 바 있다. 인류학은 인간의 경험에 대한 학문이고, 철학은 선험 즉 경험에 앞서 세계에 대한 인식을 가능하게 하고 규정하는 근거가 무엇인지에 대한 원리를 도출하는 학문이라고 곧잘 구별지어지기도 한다. 몰은 인류학과 철학의 경계를 넘어설 때 어떤 새로운 앎이 펼쳐지는지 탐구하는 여러 시도 중에서 특히 주목할 만한 흐름을 형성한 학자라고 할 수 있다. 몰은 자신의 이러한 시도를 경험주의적 철학 연구라고 부른다.

2002년에 출판된 ≪바디 멀티플: 의료실천에서의 존재론(The Body Multiple: Ontology in Medical Practice)≫은 경험주의적 철학 연구를 실현한 몰의 대표 저작으로 몸의 실재성과 존재론의 문제를 새롭게 정의하는 데 큰 기여를 한 바 있다. 철학자들이 몸의 인식론과 존재론의 차이를 현실의 구체적 경험과 별개인 이론적 문제로 상정할 때, 인류학자로서 몰은 동맥경화증과 같은 특정 질병이 병원에서 진단되고 치료되는 방식을 치밀하게 파고들어 몸의 존재론적 다양성이 실천을 통해 구현되는 양상을 탐구했다. 인식 이전에 대상이 실재하는 것이 아니라 대상에 대한 인식과 개입 방식을 통해 대상의 고유한 존재 양식이 생겨난다고 주장한다.

이 책의 저자인 나, 서보경은 한국에 사는 인류학자로 몰의 여러 저작 중에서 《바디 멀티플》과 《돌봄의 논리: 건강 그리고 환자의 선택이라는 문제(The Logic of Care: Health and the Problem of Patient Choice)》(2008)를 중심으로 질병과 의료, 돌봄에 관한 그의 논의를 해설하는 역할을 맡았다. 두 저작 모두 구체적 사례에서 출발해 개념의 구축으로 나아가는 몰 특유의 접근 방식을 잘 보여 준다. 이 책들을 이해하는 데, 어떤 면에서 나의 개입은 그다지 필요하지 않을 수 있다. 《바디 멀티플》은 2022년에 한국어로 번역 출간된 바 있고, 《돌봄의 논리》는 130쪽 되는 짧은 책이다. 두 저작 모두 그 자체로 충분히 완결적이기도 하다.

더욱이 "컴북스이론총서"는 "해당 사상가를 연구해 온 전문가"가 해설과 비평을 제공하는 것을 목표로 한다고 하는데, 이 기준에 따르면 나는 이 총서에 그다지 적절한 필자가 아니다. 딱히 몰을 연구해 왔다고 할 정도로 그의 작업을 속속들이 알지 못하고, 개인적으로 만나 보거나 협업한 적도 없다. 지식사회학적으로 몰의 연구물에 접근할 만큼 네덜란드의 인류학과 과학기술학의 전통도 잘 알지 못한다. 다만 질병과 몸, 의료의 작동 방식에 대해 내 나름으로 탐구하는 과정에서 동시대의 인류학자인 몰의 연구 방식과 개념에 일정 정도 영향을 받았을 뿐이다.

더욱이 나는 이러한 형식의 총서에 반대하는 마음을 품고 있기도 하다. 외국 학자의 논의를 한국 학자가 해설하도록 하는 "컴북스이론총서"의 구성 방식이 식민주의적 유산의 일종이라는 생각을 떨치기 어렵다. 이러한 구성은 마치 외국 학자는 당연히 이론을 만들고 한국 학자는 언제나 그것을 겨우 이해하느라 애쓰는 존재, 늘 이론에는 미치지 못하는 미성숙한 부족분으로 스스로를 여기게 한다. 학문의 장이 여전히 식민주의적 위계에 따라 서구라는 중심부와 비서구라는 주변부로 나뉘어져 있다고 넘겨짚게 한다. 서구의 누군가는 '사상가'로 먼저 자리를 잡지만, 한국의 누군가는 그 사상가의 '전문가'부터 자처해야 한다. 이 총서의 긴 출간 목록은 한편으로는 한국에서 학문의 중심이라고 생각하는 유럽과 미국에서 등장한 특정 종류의 이론이나 학문적 경향이 사상으로 둔갑해, 반드시 알아야 하는 종류의 지식으로 권위를 획득해 온 양상을 그대로 보여 준다. 지금까지 이 총서를 통해 소개된 학자들은 대부분 유럽과 영미권 출신 백인 남성이며, 소수의 아시아 남성 학자가 포함되어 있다. 내가 원고 청탁을 받은 2023년의 시점에서 세어 보았을 때 그간 이 총서에 소개된 여성 학자의 비율은 약 15퍼센트 정도밖에 되지 않는다. 소개된 학자들의 얼굴은 모두 책 표지에서 흑백으로 처리되는데, 그 때문에 모두가 흡사 백인처럼 보인다. 사회학자 이상길이 "이론의 하얀 얼굴"이라 부른 양상이 표지에 그대로 드러난다(이상길, 2018: 526). 이 같은 방식의 선택적 수입과 재가공, 재현이 사상과 사상을 잇는 유일한 길로 여겨진다면 이 총서는 어떤 의미에서 없어져야 마땅할지도 모른다.

이 모든 불평불만에도 불구하고 내가 이 총서에 저자로 합류해 몰의 두 저작에 대해 짧은 해설서를 쓰기로 한 이유는 이 총서의 목적에는 꽤나 그럴듯한 면이 있기 때문이다. 책의 내지 첫 장에 적혀 있는 것처럼 "경계를 넘나드는" 일은 정말로 중요하다. 인류학자는 경계를 넘나드는 일을 밥벌이로 삼는 사람들이 택하는 직업 중 하나일 것이다. 더욱

이 인류학의 학술적 가치와 관계없이 경계를 넘어 생각과 생각을 '잇는' 일은 모든 사람에게 정말로 중요하다. 전지구적 위기를 매일 살아가야 하는 현재, 언어의 차이와 지역의 위계를 넘어 연결을 만드는 일은 그 어느 때보다 더 중요하게 여겨져야 한다. 더욱 새로워져야 한다.

아네마리 몰 역시 경계를 짓고 허무는 일이 어떤 효과를 만들어 내는지에 많은 관심을 기울여 왔다. 네덜란드어가 모국어인 몰은 '어떤 언어로 읽고 쓰느냐'의 문제도 민감하게 생각해 온 듯하다. ≪바디 멀티플≫에서는 네덜란드어로 초고를 썼지만 최종적으로 영어로 책을 쓰게 되었다는 점을 밝히고 있다. 또 ≪돌봄의 논리≫ 후기에서는 미국에서 이 책의 논의를 발표할 때 토론자를 위해 원고를 미리 보내 달라는 요청에 어디 읽을 수 있으면 읽어 보라며 네덜란드어로 쓴 초고를 보냈다고 이야기한다. 네덜란드어로 먼저 생각하고 쓰지만 영어와 프랑스어 문헌을 다수 참조하며, 다른 학자들과 교류하기 위해 영어로 발표하고, 최종 원고는 결국 영어로 출판되었다는 점을 밝히면서, 네덜란드어를 쓰는 학자들은 "반드시 로컬과 글로벌" 사이에서 선택을 해야 한다고 말한다(Mol, 2002: x).

전 세계적으로 한국어 사용자는 네덜란드어 사용자보다 약 세 배는 더 많지만 한국의 학자들 역시 유사한 선택을 해야 한다. 나 역시 한국어로 주로 생각하고 태국어로 현장 연구를 하기도 했지만 결국은 영어로 책을 쓰는 작업을 했고, 내가 영어로 한 작업을 다시 한국어나 태국어로 소개하는 이중의 번역 작업을 해 왔다. 이 모든 변환의 과정은 한편으로는 글로벌 학술장의 위계 때문에 피할 수 없는 일이기도 했지만, 이와 동시에 이동과 확산의 가능성을 탐구하는 일이기도 했다. 여러 언어로 생각하고 쓰는 일은 인류학적 탐구의 결과가 멀리 여행할 수 있기를, 그래서 각기 다른 독자들과 만날 수 있기를 기대하며 이뤄졌다. 만약 학술 저작에 대한 해설이 단지 글로벌 학술장의 권위를 위해 로컬이 복무하는 방식이 아니라 새로운 사고의 이동을 위한 방식이라면, 그래서 원래의 형식으로는 가 닿을 수 없는 다양한 지역의 독자들에게 도달하는 길이 될 수 있다면 그것은 그것대로 매우 즐거운 일일지 모른다.

결국 온갖 트집을 잡아도 "오늘을 살아가는 모든 이의 나침반"이 되겠다는 이 총서의 다짐에는 꽤 멋진 구석이 있다. 나 역시 이 총서의 몇몇 책들을 전철이나 버스에서 들이마시듯 읽은 기억이 있다. 이 총서를 만들어 낸 식민주의적 유산의 컴컴한 손자국에도 불구하고, 여기서 만들어지는 책들은 한 손에 집어 들고 달아나기 좋은 모양새를 갖추고 있다. 판형도 조그맣고, 무게도 가볍고, 가격도 저렴

하다. 이 작고 소박한 책이 멀리 날아가 다양한 사람들에게 다가갈 수 있다면, 그래서 누군가에게는 한 손에 쉽게 쥐어지는 나침반이 될지 모른다. 마음과 생각의 방향을 조정하고 일상적 실천의 방향을 트는 데 도움을 줄 수 있을지 모른다. 가벼운 이동과 마주침에 기대를 걸고 싶다. 아마 이 책에 참여한 다른 여러 저자들 역시 비슷한 마음이었을 것이라고 짐작해 본다.

의료와 돌봄의 위기 앞에서

의료와 돌봄을 어떻게 이해하고 변화시켜 나아가야 할지에 관한 이야기는 한국에서 지금 현재를 살아가는 모든 이에게 매우 중요하다. 우리는 그 어느 때보다 새로운 나침반이 필요한 시대에 살고 있다. 이 책을 쓰고 있는 2024년 3월의 한국에서는 의대 증원을 둘러싼 갈등으로 대다수의 전공의와 수련의가 집단 사직서를 제출한 지 벌써 한 달이 지나고 있다. 어떤 이들은 의사가 부족해서 한국 의료가 붕괴 직전이라고 야단치고, 어떤 이들은 의사가 늘어날수록 도리어 고통받는 사람들이 늘어날 거라며 문제는 간병할 사람이 부족한 것이라고 되받아친다. 온갖 고함 속에서 과연 어떤 문제를 어떻게 해결할 것인지에 대한 토론은 전문가 집단의 테두리를 넘어 이뤄지지 못하고 있다. 갈등이 장기화하면서 피해가 크게 늘고 있지만, 정확히 어떤 문제가 어디서 얼마나 발생하고 있는지를 체계적으로 추적하기도 힘든 실정이다. 더불어 2024년 한국이 경험한 '의료대란'은 우리 사회가 단순히 의료 위기만이 아니라 더욱 근본적인 해체를 겪고 있다는 점을 반영하고 있다.

2024년 한국이 직면한 인구 구성의 되돌릴 수 없는 변화와 그 여파는 기존의 사회 규범과 실천으로는 더 이상 감당할 수 없는 문제들이 우리 사회에 이미 강고하게 자리 잡고 있다는 것을 보여 준다. 긴 시간을 살아온 사람들은 차곡차곡 쌓이고 새로운 사람들은 아주 드물게 태어나는 사회에서, 갓 태어난 사람을 어떻게 길러야 하는지, 죽음에 임박한 사람들을 어떻게 대해야 하는지는 이제 이전과 같은 방법으로는 답할 수 없는 실정이다. 관련 제도와 실천을 새롭게 발명해야 하는 난국에 처해 있다. 소비 수준은 높아졌지만 임금과 자산 격차는 여전히 너무나 큰 사회, 더구나 노동 시간은 줄지 않은 사회에서 내 몸의 병은 어떻게 다루어야 하는지, 손상과 장애로 인해 혼자 살아갈 수 없는 가족과 이웃과는 어떻게 함께 살아가야 하는지에 대해 함께 차분히 생각할 여력이 없다. 각자 홀로 감당하기에는 너무 무거운 짐이 점점 더 커지는 형국 속에 먼저 짓눌리고 깔린 사람들의 시름과 고통은 마치 그들만의 것인 양 잊히고 있다.

지금 현재 우리는 의료뿐 아니라 친족과 경제 체제, 정치 체제 전반을 변혁해야 하는 중대한 과업을 앞두고 있다. 그리고 바로 이를 감당하는 데 "돌봄의 인류학"이라고 불리는 분야가 중요한 역할을 할 수 있다. 아네마리 몰뿐 아니라 한국과 전 세계의 여러 인류학자는 그간 사회과학에서 사회 재생산 영역이라고 치부해 온 영역이 어떻게 비가시화되어 왔는지, 사람과 세상을 기르고 가꾸는 영역에 어떤 중요한 윤리적이고 정치적인 문제들이 자리 잡고 있는지 깊이 들여다보고 바로 거기서부터 사회 이론을 길어 내려 애쓰고 있다(김현미, 2022; 백영경, 2017; 이지은, 2020; 정종민, 2022; Buch, 2015; Kleinman & van der Geest, 2009; Jeong, 2020; Kleinman, 2019; Taylor, 2008). 인류학적 논의에서 돌봄은 일상을 구성하는 삶의 실천 방식이자 도덕적 가치로, 인간이라면 어떻게 살아야 할 것인지 좌우하는 가장 핵심적이고 공통적인 경험으로 자리매김하고 있다(Kleinman, 2019). 또한 돌봄에 대한 인류학적 연구들은 특히 여성주의 철학의 논의와 긴장과 공조 관계를 맺고 있다. 여성주의 철학과 사회 이론은 행위이자 관계로서 돌봄에 내재된 가치와 급진성에 주목하면서, 이를 세계를 지속시키고 유지하는 모든 일에 관한 정치 철학적 기초로 확장시켜 온 바 있다(김영옥·류은숙, 2022; 지즈코, 2024; Federici, 2012; Fraser, 2016; Tronto, 1993; Kittay, 1999; 2019).

이 흐름의 일부를 이루며, 나는 돌봄의 의무가 국가에 부여되고 이를 실현할 수 있는지 여부가 민주주의 정치의 중요한 정치적 과제로 등장하는 양상을 태국의 현대사 속에서 파악하려 했다(Seo, 2020). 부유한 글로벌 북반구 혹은 복지 사회의 원형으로 여겨지는 서구의 국가들이 아니라 태국과 같이 정치 체계가 급변하고 경제적 불평등이 심각한 사회에서 의료 보험이 보편적 돌봄의 한 형식으로 자리 잡는 과정에 주목했다. 1990년대 후반부터 태국에서는 민주주의 정치에 대한 강력한 요구와 함께 전 국민 누구나 이용할 수 있는, 이용 시점에서는 무상에 가까운 의료 보험을 도입하고 유지하는 일이 중요한 정치적 과업이자 사회적 목표로 등장했다. 제도 변화로서 의료 보험 도입은 국가적 차원에서는 복지에 대한 요구와 선거 포퓰리즘의 결합에서 동력을 얻었다. 그러나 이를 실질적으로 실현하기까지 의료 현장에서는 엄청난 문제들에 직면해야만 했다. 지역의 공공 병원들은 부족한 자원을 가지고 보편적 의료 접근이라는 이상을 구현해야 하는 매우 어려운 책무를 맡게 되었고, 여기에 기대어 살아가야만 하는 가난한 사람들 역시 온갖 분투를 해야만 했다. 내 연구의 출발점은 돌봄이 정치적 요구이자 의료의 목표로, 또 윤리적이고 종교적인 경험의 중요한 요체로 동시에 등장할 수 있다는 것이다. 즉 돌봄은 마치 서로 분리되어 있는 것처럼 보이는 가치와 실천의 영역을 관통하는 사회 구성의 중심 기제이며, 정치, 경제, 믿음 체계, 기술 세계 전반을 이끄는 동력을 발휘한다.

케어가 의료와 돌봄으로 쪼개질 때

돌봄 개념을 폭넓게 정의하는 인류학 연구들과 여성주의적 접근은 의료와 복지, 정책과 일상의 문제를 분절적으로 바라보지 않고 삶을 구성하는 중요한 동인(動因)들이 어떻게 상호 작용하는지 이해하는 데 중요한 통찰력을 제공한다. 아네마리 몰의 작업을 한국의 맥락에서 새롭게 읽는 일 역시 돌봄이 무엇인지, 특히 현대 의료와 돌봄이라는 가치 사이의 관계가 무엇인지 더 명확하게 파악하는 데 도움이된다. 몰은 돌봄이라고 불릴 수 있는 무수히 많은 사회적 실천과 가치 중에서 특히 건강과 질병에 관련된 분야, 즉 의료 영역에서 돌봄을 논리적 형식의 하나로 접근하려 한다.

몰의 이러한 접근은 돌봄과 현대 의료의 핵심이라고 여겨지는 생명과학기술의 활용을 완전히 다른 종류의 것으로 보려 하는 기존의 사고를 넘어서기 위한 시도의 일환이다. 돌봄을 정서적 경험이자 타인을 위해 하는 따뜻하고 좋은 일이라고 생각하는 방식은 돌봄의 영역을 의미 있기는 하지만 착한 마음을 먹게 하는 것 외에는 별다르게 발전시킬 방법은 없는 도덕적 가치의 영역으로 여기게 한다. 이에 대한 거울 항으로 기술은 물질적 세계에 속한 것, 차갑고 합리적인 것으로 그 어떤 도덕적 가치와도 직접 결부되지 않은 기능적 도구에 불과한 것처럼 흔히 여겨진다. 몰이 네덜란드의 인류학자들과 함께 편집한 ≪실천에서 돌봄(Care in Practice)≫은 진료실, 가정, 농장이라는 각기 다른 공간에서 환자, 가족, 동물을 돌보기 위해 각종 기술이 활용되는 양상을 들여다보며 돌봄과 기술이 서로의 반대 항이 아니라 인간됨을 구성하는, 사람이 된다는 것이 어떤 일인지에 답하는 데 늘 함께 작동하는 지식이자 실천의 방식이라는 점을 강조한다(Mol, et al., 2010).

한국어에서 영어 care가 활용되고 번역되는 방식 역시 기술적인 것과 그 외의 것을 나누어 바라보는 시각과 긴밀히 연결되어 있다. 현대 한국어에서 health care는 보건 의료,

보건 관리, 건강 관리로 번역되기도 하고 영어를 그대로 음차해 '헬스 케어'라고 쓰이기도 한다. 한국어의 지형에서 헬스 케어라는 말은 특히 기술적 진보에 대한 환상과 깊이 결합되어 있다. 생명과학기술에 관련된 여타 사업체, 유전자 분석에 기반한 치료 기술이나 IT(information technology)가 결합된 의료 장비 등을 지칭할 때, 헬스 케어는 발달된 기술의 집합을 지시하는 동시에 기술적 진보를 통해 질병을 이기고 더 건강해질 수 있다는 기대와 약속을 포함한다.

헬스(health)가 한 사람 한 사람의 건강 혹은 여러 사람의 건강이라는 의미에서 보건으로 번역되는 경우, 케어(care)는 의료로 대치된다. 그리고 케어가 의술로 병을 고치는 일로 환언되는 순간, 돌봄이라는 말이 표상할 수 있는 여러 의미와 가치는 흔적도 없이 사라진다. 의료는 병을 고치는 기술을 쓸 줄 아는 특수한 종류의 전문 지식으로 여겨지기 때문이다.

현대 한국어의 일상적 쓰임에서, 또 법과 제도의 구성에서 의료와 돌봄은 매우 다른 일이다. 의료는 아무나 할 수 없는 일, 전문적 지식과 기술을 가진 사람들만 할 수 있는 일이고, 돌봄은 누구나 할 수 있는 일로 여겨진다. 병을 진단하고 치료하는 전문적인 일은 의료이고, 아픈 사람을 곁에서 보살피고 수발을 들어 주는 일은 간병이나 돌봄으로 불린다. 이 구별선에 따라 의사와 간호사가 환자에게 제공하는 의료는 전문적인 일이 되고, 간병인과 요양보호사 혹은 가족과 친구가 아픈 사람을 위해 하는 일은 의료와는 관계없거나 의료가 되기에는 수준 미달인 일, 고작해야 의료 행위가 이뤄질 수 있게 돕는 부차적인 일이 된다.

번역이 매개하는 의미망에서 의료와 돌봄은 모두 케어에 대응하는 말이 될 수 있지만, 우리 사회에서 이 둘의 지위는 너무나 다르다. 특히 병원에서는 더욱 그러하다. 의료를 하는 사람의 지위는 너무 높고 돌봄을 하는 사람의 지위는 너무 낮다. 무수히 많은 의료 행위 중에서도 기술적 숙련도가 아주 높아야 하거나 높은 지식 수준을 필요로 한다고 여겨지는 노동일수록 더 높은 임금을 받고, 환자의 몸에 직접 닿는 일, 돌봄에 가까운 일로 여겨지는 노동일수록 가치는 낮게 평가된다. 의료는 주로 의사가 하는 일, 즉 치열한 경쟁을 뚫고 높은 성적을 받은 소수의 인재들이 의과대학의 값비싼 교육 과정을 이수하고 국가가 그 전문성을 입증하는 자격시험을 통과해야만 할 수 있는 전문가들의 일이고, 간호사 역시 고유한 전문가로 그에 걸맞게 의료적 처치에 가장 큰 힘을 쏟기를 기대받는다. 결국 병원에서 타인의 몸을 직접 만지고 수발을 들어 주는 일은 가치가 가장 낮은 일로 여겨진다. 그리고 이러한 직업의 위계 구조에서 돌봄은 간호조무사, 간병인에게 주로 주어진다. 그리고 이들의 긴 노동 시간과 낮은 임금은 오랫동안 당연시되어 왔다. 병원에서 의료와 돌봄의 위계는 환자들의 태도에서 다시 한번 굳어진다. 한국의 병원에서 현장 연구를 하다 보면 의사 '선생님'은 '병을 고쳐 주는' 사람으로 존중하면서 간호사의 권위는 인정하지 않으려고 하거나, 간호조무사와 간병인은 '남의 엉덩이의 똥이나 닦아 주는' 사람이라고 부르면서 하대하는 경우를 마주치기도 한다. 어떤 때에는 모욕이 질병보다 더 고통스럽다. 더 높은 사람과 더 낮은 사람으로 서로의 가치를 날카롭게 나눌 때, 병원은 험악한 공간이 된다.

엉덩이에 붙은 똥을 스스로 닦을 수 없는 환자를 보살펴 주는 사람이 없다면 그 어떤 최첨단 기술로 무장한 병원도 별 도리가 없다. 스스로 자기 몸을 움직이지 못하는 사람의 필요, 다치고 쇠약해진 이들의 필요에 응답하지 않을 때, 몸을 고치는 기술로서 의료는 반드시 실패하기 때문이다. 엉덩이에 붙은 똥은 피부를 짓무르게 하고, 병원균에 노출시키고, 감염을 일으켜 열이 나게 하고, 살을 썩게 하고, 결국 쉽게 아물기 어려운 상처를 만든다. 그 어떤 항생제도, 최고의 수술 기술도 엉덩이에 붙은 똥을 제대로 닦지 않고서는 제 역할을 하지 못한다. 의료와 돌봄을 서로 다른 것으로 여길 때, 우열의 지위를 부여할 때, 그래서 지위의 차이가 착취와 하대와 모욕으로 이어질 때, 의료와 돌봄의 '상식적' 구별은 거대한 문제가 된다. 아무도 돌보지 않을 때, 그 어떤 고도의 기술적 발달도 그 쓸모를 제대로 발휘할 수 없다.

돌봄이 의료 산업을 떠받치는 허드렛일의 총칭이 아니라 아픈 몸을 보살피는 일을 이끄는 큰 힘이라는 것을 어떻게 하면 더욱 명확하게 인지할 수 있을까(Seo, 2020)? 어떻게 하면 지금과는 다른 종류의 의료를 구체적으로 상상할 수 있을까? 아네마리 몰의 작업은 이 질문들에 대한 답을 찾아가는 데 큰 도움을 준다. 몰은 돌봄을 의료와 구별되는 별도의 영역이 아니라 의료라는 영역, 건강과 질병을 다루는 영역의 기초적 논리로 생각하자고 청하고 있기 때문이다.

몰이 보기에 생명과학에 기반한 현대 의료에는 크게 두 가지 논리가 작동하고 있다. 하나는 '선택의 논리'이고 다른 하나는 '돌봄의 논리'다. 선택 논리는 소유제 개인주의를 기반으로 하는 근대 사회의 가장 기본적인 사고방식이다. 서구 합리성의 근간을 이루는 개인의 자율성은 그가 개인으로 스스로 선택하고 그 선택에 온전히 책임져야 한다는 사고로부터 출발한다.

의료 역시 근대성의 산물로 당연히 선택 논리를 따라야 하는 것처럼 보이기도 한다. 환자는 소비자와 다를 바 없으며, 자신에게 최대의 이익을 가져다주는 행위와 치료를 스스로 선택할 수 있어야 하고, 더 많은 선택이 보장될수록 환자의 권리 역시 보장된다고 여겨진다. 그러나 몰은 실제 의료 현장에서 환자를 치료하는 일을 잘 들여다보면 선택 논리만으로 의료가 작동하지 않는다고 주장한다. 몸은 통제 불가능하고 예측 불가능하며, 바로 그 이유 때문에 선택이 상정하는 합리적 의사 결정의 논리와 곧잘 어긋난다. 몰은 건강과 질병을 다루는 실천들을 관통하는 또 다른 논리적 형식을 발견할 수 있으며, 그것을 돌봄이라고 부르자고 청한다.

돌봄을 별도의 영역이 아닌 실천을 통해 도출할 수 있는 논리적 형식으로 생각하자는 몰의 제안은 현재 한국에서 의료가 처한 난국을 새롭게 파악하고 돌파구를 찾는 데 매우 유용하다. 나는 총 열 가지 표제어로 어떻게 이러한 결론에 도달 가능한지를 찬찬히 살펴볼 것이다. 그러나 이 책에서 각 표제어가 뜻하는 바가 무엇인지는 아쉽게도 해당 부분만 읽어서는 다 알 수가 없다. 환자, 질병, 몸, 병원, 의료, 돌봄 등은 그 자체로 따로 떼어서 설명될 수 있는, 독립적 단위가 아니기 때문이다. 각 논의가 어떻게 연결되는지,

어디서 어떻게 서로를 지탱하고 설명하는지 함께 살펴봐야 한다. 그러고 나서 몰의 몇몇 핵심적 주장이 한국의 의료 현실에는 어떤 효용이 있는지 짧게나마 논의하려 한다. 의료와 돌봄을 억지로 쪼개지 않을 때, 건강과 질병에 관한 모든 실천에서 돌봄이 가장 주된 작동 논리로 작동할 수 있도록 할 때, 과연 어떤 변화가 가능한지 더 많은 사람들과 함께 모색할 기반을 마련하려 한다.

　짧은 책이지만 완성하기까지 여러 사람의 도움을 받았다. 책의 출간을 제안해 주고 짧게 쪼개서 쓰는 글을 연습하는 데 큰 도움을 준 곽성우 편집자, 전체 원고를 꼼꼼히 읽고 여러 유용한 제안을 해 준 한승용에게 감사의 마음을 전한다.

참고문헌

김영옥·류은숙(2022). ≪돌봄과 인권: 돌봄으로 새로 쓴 인권의 문법≫. 코난북스.

김현미(2022). "국경을 넘는 여자들". ≪돌봄이 돌보는 세계≫, 285-310쪽, 동아시아.

백영경(2017). "복지와 커먼즈 : 돌봄의 위기와 공공성의 재구성". ≪창작과 비평≫, 45(3), 19-38쪽.

우에노 지즈코 지음, 조승미·이혜진·공영주 옮김(2011/2024). ≪돌봄의 사회학: 당사자 주권의 복지사회로≫. 오월의봄.

이상길(2018). ≪아틀라스의 발≫. 문학과지성사.

이지은(2020). "치매 어떻게 준비하고 있습니까". ≪새벽 세 시의 몸들에게≫, 207-246쪽, 봄날의책.

정종민(2022). "비접촉시대에 돌봄노동자의 삶과 노동의 위태로운 기술로서 정동적 부정의". ≪한국문화인류학≫, 55(3), 321-363쪽.

Buch, E.(2015). Anthropology of Aging and Care. *Annual Review of Anthropology, 44*, pp. 277-293.

Federici, S.(2012). *Point Zero: Housework, Reproduction, and Feminist Struggle*. PM Press. 황성원 옮김(2013). ≪혁명의 영점≫. 갈무리.

Fraser, N.(2016). Contradictions of Capital and Care. *New Left Review, 100*, pp. 99-117.

Jeong, J.(2020). "Please Call My Daughter": Ethical Practice in Dementia Care as an Art of Dwelling. *Journal of Ethnographic Theory, 10*(2), pp. 530-547.

Kittay, E.(1999). *Love's Labor: Essays on Women, Equality, and Dependency*. Routledge.

Kittay, E.(2019). *Learning from My Daughter: The Value and*

Care of Disabled Minds. Oxford University Press. 김준혁
옮김(2023). ≪의존을 배우다: 어느 철학자가 인지장애를 가진
딸을 보살피며 배운 것≫. 반비.

Kleinman, A.(2019). *The Doul of Care*. Viking. 노지양 옮김(2020).
≪케어: 의사에서 보호자로, 치매 간병 10년의 기록≫. 시공사.

Kleinman, A. & van der Geest, S.(2009). 'Care' in Health Care:
Remaking the Moral World of Medicine. *Medische
Antropologie, 21*(1), pp. 159-168.

Mol, A.(2002). *The Body Multiple: Ontology in Medical Practice*.
Duke University Press. 송은주·임소연 옮김(2022). ≪바디
멀티플: 의료실천에서의 존재론≫. 그린비.

Mol, A. et al.(2010). *Care in Practice*. Transcript Publishing.

Seo, B.(2020). *Eliciting Care*. The University of Wisconsin Press.
오숙은 옮김(2025). ≪돌봄이 이끄는 자리: 모두를 위한 의료와
보살피는 삶의 인류학≫. 반비.

Taylor, J.(2008). On Recognition, Caring, and Dementia. *Medical
Anthropology Quarterly, 22*(4), pp. 313-335.

Tronto, J.(1993). *Moral Boundaries: A Political Argument for an
Ethic of Care*. Routledge.

차례

일러두기

- 인명, 작품명, 저서명, 개념어 등은 한글과 함께 괄호 안에 해당 국가의 원어를 병기했습니다.
- 외래어 표기는 현행 어문규정의 외래어표기법을 따랐습니다.

01
환자

환자는 도대체 어떤 존재일까? 사전적으로 환자는 "다치거나 병이 나서 치료를 받거나 받아야 할 사람"을 뜻한다. 그렇다면 내가 환자라는 것을 나는 어떻게 알 수 있을까? 내 몸이 다치거나 병든 것을 환자인 나는 당연히 알 수 있을까?

병자 역할

언뜻 생각하기에 병이 난다는 것은 환자 자신의 몸에 일어나는 일이니, 환자됨을 결정하는 건 병 그 자체인 것만 같기도 하다. 그러나 몸에 병이 난다고 자연히 환자가 되는 것은 아니다. 치료를 받거나 받아야 한다는 필요와 의무를 느껴야 환자로서 제 역할을 한다고 할 수 있다. 환자는 병 그 자체로부터 생겨나지 않는다. 병에 대한 인지와 인정이 함께 동반되어야 한다. 아픔은 지극히 주관적인 경험처럼 느껴지기도 하지만, 아픔을 병이라고 스스로 인지하고 여러 사람에게서 환자로 여겨지는 과정은 결코 나만의 일이 아니다. 사회적 과정이다.

환자됨이 의학만의 소관이 아니라 사회과학의 탐구 대상이기도 하다는 점을 구체화하는 데 중요한 역할을 한 학자로 미국의 사회학자인 탤컷 파슨스를 들 수 있다(Parsons, 1951). 파슨스의 '병자 역할(sick role)' 개념은 이후 의료사회학이라는 분야가 만들어지는 데 중요한 기여를 한 바 있다. 파슨스는 병자 역할의 가장 큰 특징이 기존의 사회적 역할로부터 책임을 면제받은 상태라고 여겼는데, 이러한 일시적 면제는 아픈 상태를 승인해 주는 권위를 가진 존재 즉 의사와 같은 전문가의 인정으로 뒷받침된다고 보았다.

역으로 병자 역할이 부여된 사람은 노동이나 여타 사회적 책임에서 면제를 받은 만큼, 의사의 지시에 따라 치료를 받으며 빨리 건강을 회복하려는 노력을 할 것이 기대된다. 즉 환자는 아픈 사람이자, 낫기 위해 애쓰는 사람이어야 한다.

병자를 의례화된 역할 수행의 한 방식으로 바라보는 파슨스의 관점은 개인의 질병 상태가 사회 체계 전반에서 어떤 기능을 하는지 해명하기 위해 도입되었다. 파슨스는 병이 난다는 것은 기존의 사회적 의무를 수행하지 못하게 한다는 점에서 규범에서 벗어난 상태 즉 일탈(deviancy)이라고 볼 수 있지만, 이와 동시에 일탈적 상태를 집단 전체의 구성과 연대에 기여하는 방식으로 조정하려 하는 사회적 개입이 생겨난다고 보았다. 모든 사람이 아프다는 이유로 학교에 안 가거나 일을 안 하려고 하면 사회가 제대로 기능할 수 없을 터이니, 병자라고 하더라도 반드시 수행해야 하는 의무가 함께 부여된다는 것이다.

환자됨

파슨스의 병자 역할은 기능주의적 관점에서 도출된 개념으로, 다방면에서 그 한계가 논박되었다. 파슨스는 골절이나 일부 감염성 질환처럼 완전한 회복이 가능하다고 알려진 형태의 질병을 주로 상정했기 때문에 완치가 불가능한 만성질환자나 유전병 환자에게는 이러한 역할 모델이 잘 들어맞지 않는다. 더 나아가 파슨스의 기능주의적 관점은 질병과 관련된 여타의 다양한 사회적 실천이나 제도, 관행이 결과적으로는 사회 체계의 안정을 유지하는 데 기여하는 목적에 부합한다고 보편적으로 상정하면서 변화의 가능성은 열어 두지 않는다. 개인이 무엇을 원하고 어떤 실천을 하든지 결국 사회 체계의 유지를 위해 기능한다는 환원론을 반복한다. 파슨스의 1950년대 논의는 당시 미국 중산층에게 일반화하기 시작한 특수한 의사-환자 관계와 질병을 죄로 보는 도덕관념을 보편형으로 확대 해석한 결과라고 할 수 있다.

몰은 파슨스의 병자 역할이 더 이상 이론적 설명력이 없는 구닥다리 개념임에도 간혹 의료사회학 개론에서 마치 사회적 실재인 양 제시되는 경우를 꼬집는다(Mol, 2002: 12). 아프다는 것은 단지 역할이 아니다. 몸의 구체적인 변화이자, 변화의 발생을 감지하고 이해를 시도하고 그에 따라 다양한 변화를 겪어 내는 과정이다. 환자라는 사회적 지위는 주어지는 것이자 되어 가는 일이다.

그러나 몰은 이러한 개념적 오류와 별개로 파슨스의 접

근이 아픈 상태를 생물학적이자 사회적인 경험으로 접근해야 한다는 사고방식을 주조하는 데 중요한 출발점이라고 보았다. 아프다는 것이 "일부는 생물학적이면서도 일부는 사회적인"(Parsons, 1951: 431) 경험이라면, 환자라는 존재 역시 이렇게 나누어져 있는 것일까?

참고문헌

Mol, A.(2002). *The Body Multiple: Ontology in Medical Practice.* Duke University Press. 송은주·임소연 옮김(2022). ≪바디 멀티플: 의료실천에서의 존재론≫. 그린비.

Parsons, T.(1951). *The Social System.* Free Press.

02
질병

환자의 경험이 언제나 생물학적이면서 사회적이라면, 질병은 어떠할까? 질병은 특정할 수 있는 하나의 고정된 대상일까? 아니면 주관적 인식에 따라 변화하는 것일까? 질병이 환자의 몸에 따라 늘 각기 다르게 나타날 때, 우리는 어떻게 하나의 질병에 동일성을 부여할 수 있을까? 건강과 질병은 어디서 어떻게 구별되는 것일까?

건강, 질병, 질환

건강과 질병의 구별이 사회문화적 구성물이라는 점은 인류학은 물론 의료사회학 분야에서도 그간 풍부하게 논의되어 왔다. 특히 의료인류학자들은 병이 두 차원으로 나뉘어 경험될 수 있다는 데에 많은 관심을 기울였다(Kleinman, 1978). 먼저 병은 병든 사람의 인지와 별개로 고유의 실체를 지닌 것으로 여겨질 수 있다. 예를 들어 생의학적 관점에서 당뇨병은 인슐린 분비 부족이라는 인체의 고유한 상태로 인해 생겨난 객관적 실체로, 혈액 내의 포도당 농도를 측정하면 분별할 수 있다. 당뇨병이 어떤 사람에게, 어느 지역에서, 어떤 시대에 발병하든 그 기전은 동일하다.

그러나 당뇨병 환자가 당뇨병을 앓는 과정은 동일하지 않다. 개별 환자가 처한 상황에 따라 당뇨병 경험은 천차만별일 수 있다. 이 병은 누군가에게 입이 마르고 목이 타는 병이고, 다른 누군가에게 몸으로는 별 이상을 못 느꼈는데 건강 검진을 받고서 검사 수치를 통해 알게 된 상태이고, 또 다른 누군가에게 약을 먹어도 발이 자꾸 가려워 참을 수 없는 병이다. 환자 자신이 당뇨병을 이해하고 받아들이고 치료를 받는 방식, 가족이나 친지, 사회가 그를 환자로 받아들이고 대하는 방식 역시 그가 어떤 역사적·문화적·계급적 맥락에 놓여 있는지에 따라 다를 수 있다.

영어에서는 이 구별이 ① 디지즈(disease)와 ② 일니스(illness)를 나누는 방식에서 확연히 드러난다. 여러 번역서에서 이를 '질병'과 '질환'으로 구별하기도 하는데, 한국어에서 질병과 질환은 사실 거의 같은 의미로 쓰여 왔다(강신익, 2011; 지제근, 2005). 그러나 이는 한국어에서 ① 고유의 실체로서 서로 달라 구별할 수 있는 병의 단위가 있다는 측면(disease)과 ② 병이 나는 경험의 측면(illness)을 서로 구별하지 않는다는 것을 뜻하지는 않는다. 한국어에서 병은 (몸에) 나는 것이자 (내가) 앓는 것이다. 현상이자 경험이다. 굳이 서로 구별되는 명사를 따로 만들어 쓰지 않아도 어떤 동사를 함께 붙여 쓰고 어떤 맥락에서 쓰는지에 따라 ①과 ②의 의미를 다 전달할 수 있다. 따라서 이 책에서 나는 질병을 ①의 의미로 한정해 쓰지 않고 질환도 ②의 의미로만 쓰지 않는다. 주로 병이나 질병이라는 말을 쓰고, 특정 계통에 속하는 질병의 무리를 지칭할 때는 질환이라고 쓰기도 한다. 내가 의미하는 바가 ①인지 ②인지, 아니면 ①과 ②의 구별이 불필요하거나 분명하지 않은 상황인지는 조금만 주의를 기울이면 문맥에서 자연히 드러날 것이다.

질병과 질병 경험의 구분

의료인류학과 의료사회학이 의료를 다루는 고유한 학문 분과로 자리 잡는 과정에서 ②의 측면, 즉 환자의 질병 경험에 초점을 맞춘 이유는 자명해 보이기도 한다. 의학만으로는 충분히 설명할 수 없는 영역이 있기 때문이다. 몰은 1950년대 이후 파슨스의 작업을 시작으로 생겨난 흐름에서 외려 주목해야 할 것은 의료를 어떻게 사회과학적 주제로 다룰 것인지를 두고 일종의 분업 체계가 생겨났다는 점이라고 본다. 질병이 "일부는 생물학적이면서도 일부는 사회적인 것"으로 정의된다면(Parsons, 1951: 431) 이제 각 부분을 나누어서 연구하면 된다. 즉 이 분할선을 근거로 사회학자나 인류학자는 인체생리학이나 병리학적 측면에 대해 잘 모른다고 하더라도 의료에 대해 말할 수 있게 된다. 의료사회학자나 의료인류학자는 환자가 어떤 경험을 하는지 살펴보고 질병의 사회적 구성에 대해 고유의 분석을 해 나가면 그만이다. 질병은 의사가 전문가이고, 환자의 질병 경험은 인류학자와 사회학자가 전문가다. 각 영역의 전문가들은 이제 각자의 자리에서 일하되, 서로의 전문성 그 자체는 간섭하지 않는다. 일종의 분업 규칙이 성립한 것이다.

질병이라는 고유한 대상과 환자의 질병 경험에 대한 분

업이 자연스럽게 여겨지는 데에는 더욱 근본적인 이유가 있다. 이 구별이 사람과 사물의 구별에 대한 근대적 인식론에 정확히 부합하기 때문이다. 사람들은 한 사물에 각기 다른 이름을 붙이고 다른 의미를 부여할 수 있다. 똑같은 사물을 각기 다른 방식으로 바라볼 수 있다. 그러나 우리의 관점이 다르다는 사실이 사물 자체를 변화시키지는 않는다고 생각한다. 사물의 본질은 보편적이고, 관점의 차이와 관계없이 그 본성은 동일하다고 여긴다. 이러한 인식론을 질병에 도입하면, 질병의 실체 즉 물리적 본질은 누구의 몸에 있느냐에 관계없이 동일하지만 그것을 받아들이고 해석하고 인지하는 방식은 각기 다를 수 있다. 문화와 자연, 자아와 신체를 구별하는 방식이 여기에 그대로 적용된다. 자연적 대상으로 몸이 보편적이라면, 그 몸을 인식하는 방식 즉 문화는 상대적이다.

몰은 질병 그 자체와 환자의 질병 경험을 서로 다른 영역으로 나누어 보는 방식이 존재론과 인식론의 구별과 깊이 결부되어 있다는 점에 천착한다. 인류학에서 오랜 시간 발전시켜 온 질병과 건강에 대한 믿음 체계에 대한 연구들, 의료를 문화적 체계의 한 형식으로 보려 하는 시도들, 한의학이나 아유르베다 의학처럼 서구의 생의학과 다른 의료 전통에서 몸과 질병에 대한 인식론이 어떻게 구축되어 있는지 정교하게 파악한 연구들은 그 풍부함에도 불구하고 질병 그 자체는 인류학이 다룰 수 없는 영역으로 상정해 왔다. 인류학적 접근은 뇌전증과 같은 뇌신경 세포의 이상에 따른 질병을 왜 어떤 이민자들은 "영혼에게 붙들려 쓰러진 병"으로 받아들일 수밖에 없는지를 그들이 처한 역사적이고 문화적인 맥락에서 설명해 내고(Fadiman, 1997), 티베트불교에서 상정하는 몸과 치유의 개념은 생의학의 중심 원리와 본질적으로 다르다는 점을 흥미롭게 설명할 수 있다(Desjarlais, 1992). 그러나 이러한 문화적 전통과 사회역사적 관계에 집중한 탐구 방식은 어느 면에서 차이를 구성하는 맥락에 대한 설명을 정교화할 뿐이다. 그리고 결과적으로 질병 그 자체, 몸 그 자체는 인류학이나 사회학이나 철학으로는 다룰 수 없는 것, 오로지 과학과 의학만이 개입할 수 있는 것으로 남겨 둔다.

구성주의 논법의 한계

몰은 의과학적 담론에 대한 사회과학적 분석과 비판이 몸이라는 실재는 존재하지 않는다고 보고 이에 대한 지식 형성의 이데올로기적 효과만을 강조하며 구성주의적으로 접근하는 데에 큰 우려를 표한다. 지식의 구성성을 강조하는 접근은 의과학이 어떤 무지와 실패를 당연시하는지 지적하는 데 매우 효과적이다. 예를 들어 여성의 심장병 발병 위험이 남성에 비해 충분히 연구되지 않은 상황에서 남성의 증상에는 큰 주의를 기울이지만 여성이 호소하는 불편이나 고통은 대수롭지 않거나 심리적인 이유로 치부하는 경향이 생겨날 수 있으며, 이는 의사들의 성차별적 편견과 밀접히 연관되어 있다(Dusenbery, 2017). 또는 에스트로겐 대체요법같이 부작용 위험이 있는 치료법이 특정 국가나 지역에서 광범하게 통용되는 이유를 살펴보면 여기에는 이윤 창출을 우선시하는 경제 구조와 여성 건강에 대한 정치적 입장 차가 작동한다는 걸 알 수 있다. 그러나 이러한 접근 방식은 비판적이기는 하지만, 결과적으로 의과학적이라고 여겨지는 것과 그렇지 않은 것에 대한 기존의 구별을 오히려 강화한다. 즉 과학적으로 더 적절한 대응 방식이 있음에도 마치 의료 바깥의 사회적 힘으로 인해 '진정한' 과학성의 실현이 좌절되는 것처럼 여기게 한다. 몰이 보기에 의료의 사회적 구성성을 강조하는 접근은 의료 체계 내에서 질병과 몸이 이해되는 특정한 방식을 분석의 범위에서 제외하게 한다.

이러한 과학의 중립성 주장과 이에 작용하는 사회적 힘

에 대한 분석 사이의 대립은 한편으로는 학술적인 사안이지만, 매우 현실적인 문제이기도 하다. 진료실에서 환자는 의사가 진료하는 방식, 진단을 내리고 수술이나 처치를 권하는 방식이 자신이 경험하는 질병 경험을 충분히 반영하지 못한다고 느낄 수 있다. 이 상황을 설명하는 주요 방식 중 하나는 의사와 환자의 권력 차를 강조하는 것이다. 의사는 환자보다 더 많이 알고, 진료 방식을 좌지우지하고, 여기서 더 많은 이윤과 더 높은 사회적 지위를 획득할 수 있으며, 환자는 따라서 그들의 권력에 종속될 수밖에 없다. 그러나 많은 의료인들이 이러한 설명 방식에 불편함을 표한다. 우리는 그저 각각의 환자에게 가장 좋은 방식으로 혹은 표준화된 방식으로 진료하고 있을 뿐이라고, 그렇게 사회적 힘의 문제로 의료를 바라보는 것은 병을 치료하는 방식에 대해 환자들이 충분히 이해하지 못하기 때문에 생겨나는 오해라고 말이다. 의료인들은 그저 병을 고치려고 하는 것뿐이라고 항변한다. 그리고 병을 고치는 방법을 정하는 것은 의학계 내부의 전문적인 일이기 때문에 그 바깥에 있는 사람들은 (환자와 인류학자 모두를 포함해) 그 원리를 제대로 이해할 수도 없고, 함부로 개입해서는 안 된다고 주장한다. 이러한 분리로 인해 질병을 두고 환자와 의료 전문가는 평행선을 달릴 수밖에 없게 된다.

참고문헌

강신익(2011). "의철학: 의 또는 몸이라는 자연의 계보". ≪과학철학: 흐름과 쟁점, 그리고 확장≫, 399–415쪽, 창비.

지제근(2005). "병(病), 질병(疾病), 질환(疾患)". ≪제1회 의학용어 원탁토론회 자료집≫. 대한민국의학한림원.

Desjarlais, R.(1992). *Body and Emotion: The Aesthetics of Illness and Healing in the Nepal Himalayas.* University of Pennsylvania Press.

Dusenbery, M.(2017). *Doing Harm.* Harper Colins. 김보은·이유림 옮김(2019). ≪의사는 왜 여자의 말을 믿지 않는가≫. 한문화.

Fadiman, A.(1997). *The Spirit Catches You and You Fall Down: A Hmong Child, Her American Doctors, and the Collision of Two Cultures.* Farrar, Straus, and Giroux. 이한중 옮김(2022). ≪리아의 나라: 문화의 경계에 놓인 한 아이에 관한 기록≫. 반비.

Kleinman, A.(1978). Concepts and a Model for the Comparison of Medical Systems as Cultural Systems. *Social Science & Medicine, 12,* pp. 85–93.

Parsons, T.(1951). *The Social System.* Free Press.

03
다양화

질병을 이해하는 방식은 하나가 아니다. 질병의 발생과 진행을 사회적 설명과 과학적 설명의 두 층위로 나누는 방식은 불충분할 뿐만 아니라 부정확하다. 질병을 이해하는 방식이 하나가 아니라 여럿이라는 사실은 과연 질병됨, 질병 그 자체의 구성에 어떤 영향을 미치고 있을까?

동맥경화증(들)

몰은 객관적 대상으로서 질병과 이에 대한 주관적 경험을
구분하는 데 매달리지 않고 질병을 연구하는 방법을, 더 나
아가 질병을 더 잘 다룰 수 있는 방법을 찾을 수 있다고 주
장한다. 질병에 대한 각기 다른 관점의 차이 즉 질병을 말
하는 방식이 아니라, 질병을 행하는 방식 즉 환자와 의료진
이 병을 앓고 고치는 일을 어떻게 하는지에 초점을 맞추면
전혀 다른 국면을 발견할 수 있다는 것이다. 누가 어떻게
바라보는지의 문제가 아니라 무엇을 어떻게 하는지의 측
면을 살펴보면 객관적 실체와 주관적 경험, 대상과 인식의
대립이 더 이상 고정적으로 유지되지 않는 양상들을 맞닥
뜨리게 된다고 강조한다.

　몰은 네덜란드의 한 대학병원에서 다리 동맥에 생긴 동
맥경화증(atherosclerosis)을 진단하고 치료하는 방식을 상
세히 기술함으로써 이러한 주장에 도달한다(Mol, 2002).
동맥경화증은 동맥(arterio-)이 단단해지면서(sclerosis) 생
기는 병으로, 동맥의 내벽이 두꺼워져서 혈관의 탄력성이
심각하게 줄어든 상태를 부르는 일반적 용어다. 몰이 집중
한 질병은 한국표준질병사인분류에 따르면 '죽상경화증'
으로 불린다. 죽상경화증은 동맥 경화가 일으키는 여러 병

중에서 가장 일반적인 유형으로, 지방 물질의 침전물이 혈관 내부에 붙어서 단단히 굳어지면 생긴다.

조금 더 자세히 설명하면 다음과 같다. 동맥벽은 여러 층으로 구성되어 있으며 그중 내벽은 보통 부드러운 형태다. 이 내벽에 상처가 생기면 백혈구들이 활성화되어서 혈류를 따라 이동하는데, 이 과정에서 지방 물질과 결합하면 혈관의 벽을 이루는 평활근의 성장을 촉진하게 된다. 이로 인해 혈관 안쪽에는 죽종(atheroma)이라고 불리는 내벽이 생겨난다. 죽종은 내부는 죽처럼 묽지만 그 주변 부위는 단단한 섬유성 막을 형성한다. 그래서 이것을 죽상 경화성판이라고 부르기도 하고 플라크라고 부르기도 한다. 혈관 내벽에 단단한 막이 생기면, 혈관은 점점 좁아져 혈액 순환이 제한된다. 막에서 떨어져 나온 조각이 혈관을 막아서 아예 피가 흐르지 못할 수도 있다. 몸의 어느 부위에서 이러한 문제가 생기는지에 따라 이러한 현상은 각기 다른 심각성을 띤다.

여기서 주목할 점은 생의학은 죽상경화증이 왜 그리고 어떻게 생기는지, 그 원리와 기전을 이미 충분히 설명할 수 있다는 것이다. 의사들은 교과서적으로 죽상경화증이 무엇인지 충분히 알 수 있다. 질병 그 자체에 대한 지식은 충분하다.

그러나 문제는 교과서가 아니라 환자의 몸에서, 임상 현장에서 생긴다. 의사는 자기 눈앞에 있는 환자에게 다리 동맥이 딱딱하게 굳어지는 병이 생겼는지 그렇지 않은지 어떻게 알 수 있을까? 이 질문은 누가 어디서 묻느냐에 따라서 각기 다른 방식으로 답해진다. 먼저 1차 의료 기관, 즉 네덜란드에서 환자들이 가장 먼저 만나도록 되어 있는 일반의에게 이 질문은 혼자서는 답할 수 없는 질문이다. 다리가 저리고 아프면 무조건 동맥경화증인 걸까? 허리 디스크가 생겨서 다리가 저릴 수도 있는데, 그 원인이 하지 동맥의 경화 때문인지 아닌지 어떻게 알 수 있을까? 일반의는 환자가 호소하는 다리의 불편을 근거로 혹은 비정상적으로 높은 콜레스테롤 검사 수치를 토대로 동맥경화증을 의심할 수는 있지만 진단을 확정할 수는 없다. 이 경우 환자는 상급종합병원의 전문의에게 인계된다. 인계된 병원에서도 이 질문에 답하는 방법은 어디서 누가 묻는지에 따라 달라진다. 몰이 대학병원에서의 현지 조사에서 주의 깊게 살펴보려 한 주요 연구 질문이 바로 이것이었다. 같은 병원 내에서도 어떤 의사가 어떤 검사법을 수행하는지 또 어떤 검사 결과를 신뢰하고 최종적으로 어떤 치료법을 택하는지에 따라 다리 동맥의 경화증은 매우 다른 양상을 띤다. 질병의 속성과 특징이 동일하게 나타나지 않는다. 다르게 다뤄진다. 왜 그런 것일까?

병원에서 질병하기

몰은 네덜란드의 한 대학병원에서 외래 진료실, 진단 검
사실, 수술실, 병리학 교실 등을 옮겨 다니며 각 장소에서
동맥경화증이 진단되고 그에 대한 개입이 이뤄지는 과정
을 섬세하게 관찰한다. 특정 시공간에서 벌어지는 일들을
장기간에 걸쳐 살펴보고 거기서 알게 된 사실과 경험을
분석하는 인류학의 연구 방식과 결과물을 문화기술지
(ethnography)라고 한다. 병원에서의 문화기술지 연구를
통해 몰은 여러 행위자 즉 간호사, 의사, 환자, 병리학자, 임
상병리사가 질병을 경험하고 개입하는 방식에 따라, 또 병
원의 각종 검사 기기, 수술대와 메스와 같은 도구가 활용되
는 방식에 따라 하나의 이름으로 불리는 질병이 각기 다른
모습을 띠게 된다는 점에 주목했다. 즉 병원에서 동맥경화
증을 진단하고 치료하기 위해 도입하는 여러 방식들은 하
나의 보편적 대상의 진짜 모습을 찾기 위한 각기 다른 시도
가 아니라, 동맥경화증에 더 이상 일원적 동일성을 부여할
수 없게 하는 다양화(multiplication)를 야기한다는 것이다.

이를 조금 더 자세히 설명하면 이러하다. 병리적 대상으로서 질병이 실재한다면 병리학은 이를 특정할 수 있는 수단과 방법을 가지고 있는 것처럼 보인다. 혈관 그 자체를 직접 눈으로 볼 수 있는 사람, 즉 절단된 다리 혈관을 현미경으로 들여다볼 수 있는 병리학자에게 동맥경화증은 눈으로 직접 확인할 수 있는 것, 바로 여기에 있다고 직접 손으로 가리킬 수 있는 형태로 나타난다. 그러나 살아 있는 환자를 만나는 임상의에게 동맥경화증은 "병이 바로 여기에 있다"라고 말할 수 있는 종류의 것이 아니다. 병리학자는 운이 좋을 경우 검체에서 병변을 직접 확인할 수도 있지만, 살아 있는 환자의 몸에서 그 병변이 과연 어떤 통증을 어떻게 일으켰을지에 대해서는 답할 길이 없다. 절단된 다리의 혈관이 협착된 상태를 발견할 수는 있지만, 그 다리에는 더 이상 혈액이 흐르지 않는다. 죽은 다리는 고통을 야기할 수도 느낄 수도 없다. 더 이상 살아 있는 환자의 몸의 일부가 아니다.

혈관을 전문으로 수술하는 외과의라고 하더라도 어디서 어떻게 환자를 만나느냐에 따라서 동맥경화증의 형상을 각기 다른 방식으로 추정해야 한다. 외래 진료실에서 동맥경화증을 진단할 때는 환자가 다리를 쓰지 않는 상황에서도 통증을 느끼는지, 걷는 중간에 경련을 느끼는지, 환자 연령은 어느 정도이고 일상생활에서 환자에게 보행 능력이 얼마나 중요한지 살펴보아야 한다. 그리고 이를 통해 수술을 해야 하는 동맥경화증과 수술보다는 보행 치료와 같은 비침습적 방법을 도입해야 하는 동맥경화증을 구별해야 한다. 그렇다면 이 둘은 같은 병인가, 아니면 다른 병인가? 몰은 환자가 같은 병을 어떻게 느끼는지의 차이에서 이 둘의 차이가 기인하는 것이 아니라고 주장한다. 어떤 개입을 택할지에 따라, 같은 진단명의 질병이라고 하더라도 전혀 다른 형상을 이루기 때문이다. 몰은 질병 그 자체의 속성에 따라 개입의 방식이 결정되는 것이 아니라, 어떤 의료적 개입을 시도하느냐에 따라 질병의 속성이 달라지는 것으로 여겨야 한다고 주장한다.

어떤 의료적 개입을 할지 판단하려면 여러 진단 검사 방법을 병행해야 한다. 문제는 어떤 검사 방법을 택하고 신뢰할 것인가다. 몰은 두 가지 방식을 비교한다. 먼저 혈관에 조영제라는 약제를 주입해 혈관에서 혈류가 이동하는 모습을 실시간으로 촬영할 수 있다. 혈관은 방사선 촬영으로 직접 볼 수 없지만 조영제는 방사선을 투과시키지 않는 물질이므로 조영제의 이동을 사진으로 촬영하면 혈관의 어느 부분이 얼마나 좁아지고 막혔는지 간접적으로 시각화할 수 있다. 다음으로 혈관 초음파검사(도플러 초음파

검사, duplex ultrasound)를 해 볼 수도 있다. 혈관이 좁아질수록 혈류의 속도는 빨라지기 때문에, 팔과 발목에서 혈압을 측정하고 그 차이를 비교해서 다리 혈관의 내막이 얼마나 두꺼운지 측정할 수 있다. 초음파검사는 혈관이 최대로 확장했을 때와 수축했을 때의 차이에 따라, 시간 경과(가로축)에 따른 혈류량 변화(세로축)의 차이를 기록할 수 있다. 검사 결과는 파도 모양의 그래프로 그려진다. 이와 달리 혈관촬영술은 가지 모양으로 분기하는 혈관들을 2차원 이미지로 보여 준다. 이처럼 동맥경화증은 검사 방법에 따라 다른 모습을 띤다.

여기서 중요한 점은 검사 결과의 해석에 따라 환자의 몸에 수술이 필요한 동맥경화증이 있기도 하고, 없기도 하다는 것이다. 몰은 이 두 가지 검사 방식이 늘 같은 결론에 도달하지 않으며, 따라서 임상적 해석을 필요로 한다는 점에 주목한다. 이때 어느 진단 검사 결과를 더 신뢰할 것인가의 문제에 답하는 과정은 진실 여부를 따지는 일, 즉 어느 결과가 옳고 어느 결과가 그른지를 따지는 일이 아니다. 하나가 옳고 다른 하나는 그른 것이 아니다. 몰은 임상 현장에서 두 검사 결과가 상충할 때 둘 다 옳을 수 있다고 전제된다는 점, 즉 다른 하나의 가능성이 완전히 배제되지 않는다는 점이 중요하다고 본다. 검사 결과의 차이를 조정하고 해석하려는 시도 속에서만 질병이 특정한 모습을 갖출 수 있기 때문이다.

외과적 개입을 하기로 결정했다고 하더라도 어떤 처치 방식을 택하느냐에 따라 동맥경화증은 또 다시 다른 형상을 띤다. 동맥의 내막을 벗겨 내는 외과적 수술을 할지(동맥내막절제술), 혈관을 부풀려서 혈관 벽을 늘리는 처치를 할지(경피적혈관성형술), 아니면 협착된 혈관을 우회해 혈류가 지나갈 수 있는 별도의 혈관을 만들어 주는 수술을 할지(혈관우회술)에 따라 동맥경화증은 긁어내야 하는 것, 한쪽으로 밀쳐놓을 수 있는 것, 다른 경로를 열기만 하면 그대로 두어도 되는 것으로 각기 다른 양상을 띤다. 외과의의 머릿속에서만 동맥경화증이 각기 다르게 상상되는 것이 아니다. 외과적 치료의 세 가지 방식은 동맥경화증의 세 가지 각기 다른 존재 양태를 실현한다. 이 셋 모두 동맥경화증의 참모습(실재)이다. 환자의 몸에서 세 가지 치료 방식 중 어느 것을 실행하느냐에 따라 동맥의 내막이 단단해지는 병은 구체적인 실재성을 획득한다.

질병의 여럿됨

병원에서 질병의 참모습은 하나가 아니라 여럿이다. 이 사실을 확장하면 병원에서 몸의 참모습 역시 하나가 아니라 여럿이라고 할 수 있다. ≪바디 멀티플≫이라는 책 제목은 몸이라는 대상에 하나의 공통 이름이 붙어 있다고 하더라도 이것이 존재하는 양상은 단일한 보편성으로 수렴하지 않는다는 점을 천착하기 위해 제시되었다. 몸의 여럿됨, 질병의 여럿됨을 강조하기 위한 것이다.

그런데 이때 복수성은 단순히 양적 차원, 즉 각기 다른 몸들이 여럿 있다는 것을 뜻하지 않는다. 혹은 몸에 대한 진실이 여러 조각으로 쪼개져 있기 때문에 부분들의 합을 통해 하나의 전체를 파악할 수 있다는 의미도 아니다.

몰이 다양화하는 몸 혹은 여러 몸(the body multiple)이라는 개념을 통해 주장하려는 것은 이질적인 것, 서로 다른 것들이 늘어나는 양상이다. 그런데 이때 중요한 점은 다양화가 곧 차이의 무한한 증식을 뜻하지는 않는다는 것이다. 몰은 다중성(manyfoldedness)과 다원성(pluralism)을 구별한다. 다중성이 각기 다른 여럿이 겹침을 이루는 상태를 뜻한다면, 다원성은 이질적인 여럿을 내포하는 더 큰 하나를 상정한다고 할 수 있다. 다중성은 각기 다른 모양의 여러 조각을 접어 붙인 조각보(patchwork)를, 다원성은 크기가 각기 다른 여러 원이 더 큰 원에 그려져 있는 포함 상태를 상상하면 이해하기 쉽다. 다양화는 하나의 보편성으로 쉽게 합쳐지지 않는, 그러나 여러 조정과 배분의 실행을 통해 각기 다른 여럿이 부분적으로나마 서로 겹쳐진 상태를 뜻한다(Mol 2002: 84). 즉 몸과 질병의 다양화, 여럿됨은 다원성이 아니라 다중성을 이룬 상태를 뜻한다.

대상이 고정되어 있고 그 대상을 인식하는 주체의 관점과 인식이 달라지는 것이 아니라, 인식의 방식과 기술적 매개에 따라 대상 자체가 무엇인지가 달라진다는 몰의 주장은 캐런 바라드의 행위적 실재론(agential realism) 논의와 친연성을 보인다(박신현, 2023; Barad, 2007). 바라드는 양자 물리학의 개념적 발전 과정을 논의의 주요 재료로 삼아 사물에 대한 인식적 도구의 변화와 물(物) 그 자체의 존재 구성이 밀접하게 연결되어 있다는 점을 강조한다. 전자의 입자성과 파동성에 대한 물리학적 논의가 대표적인 예라고 할 수 있다. 이중 슬릿 실험이라고 불리는 관측 방식을 통해 전자는 입자이면서도 파동의 성질을 띤다는 것을 확인할 수 있다. 입자성과 파동성은 두 가지 양립 불가능한 존재 양식이지만, 측정 방식과 환경의 변화에 따라 빛은 입자로 드러나기도 하고 파동으로 드러나기도 한다. 바라드는 양립 불가능한 두 가지 존재 양식의 동시성에 대한 물리학적 탐구를 통해 알기(knowing)와 존재하기(being) 사이의 상호 연루를 흥미롭게 드러낸다.

임상 의학의 영역에서 사물의 존재론적 복수성은 더욱 실천적인 함의를 띨 수밖에 없다. 병원은 실험실 이상의 공간이기 때문이다. 물리학 논쟁에서처럼 '입자냐 파동이냐'를 결정하기 위한 실험을 진행하고 결국은 '둘 다'라는 결론을 내는 데서 그칠 수가 없다. 중증 동맥경화증은 치료받지 않으면 사망에 이를 수 있는 병이다. 따라서 병원에서는 동맥경화증이 지각과 인식의 방법에 따라 각기 다른 형상으로 동시에 존재할 수 있다는 사실을 발견했다는 점에 만족하고 멈출 수 없다. 치료를 위해서 질병의 여럿됨은 다시 그 어느 하나로 임시적으로나마 고정되어야 한다.

이 문제를 해결하는 데 몰에게 가장 중요한 이론적 자원을 제공한 이는 영국의 인류학자인 메릴린 스트래선이다(Strathern, 1991; 1992). 스트래선의 부분적 연결(partial connection) 개념은 통약 불가능하다고 여겨지는 차이들이 그 고유성을 유지하면서, 그와 동시에 부분과 전체의 관계로 포섭되지 않으면서 비교와 대조의 가능성을 지니는 상태를 지칭한다(Strathern, 1991). 스트래선은 멜라네시아의 친족 관계와 사람됨에 대한 개념을 깊이 탐구하면서 차이화와 비교의 문제에 천착한다. 스트래선은 사람됨을 구성하는 관계들이 각기 다른 관점과 층위에 기반하고 있고, 따라서 그 차이가 쉽사리 상호 호환되지 않지만 그럼에도 함께 모여서 사람이라는 전체를 이룬다는 점에 집중한다. 부분적 연결은 차이들이 무한히 증식하거나 산포하는 것이 아니라 차이들 간의 공존이 가능한 연결 패턴을 만드는 방식이라고 할 수 있다. 몰의 연구가 다루는 존재론적 차이들, 예를 들어 혈류의 속도에 기반한 그래프와 혈관의 두께를 지시하는 혈관도는 비교상의 동일한 준거점을 설정할 수 없는, 서로 비교할 수 없는 인식 방식의 차이에 기반하고 있다고 할 수 있다. 그러나 이 각기 다른 차이들은 일대일로는 비교 불가능하더라도 동맥경화증의 형세를 종합하기 위해 한데 모아져야 한다. 몰이 조정, 배분, 추가, 포함이라고 부른 방식들이 바로 이러한 "비교불가능한 호환가능성(compatibility without comparability)"(Strathern, 1991: 38), 즉 부분적 연결을 만들어 내는 구체적 실행 도구들이라고 할 수 있다.

참고문헌

박신현(2023). ≪캐런 바라드≫. 커뮤니케이션북스.

Barad, K.(2007). *Meeting the Universe Halfway*. Duke University Press.

Mol, A.(2002). *The Body Multiple: Ontology in Medical Practice*. Duke University Press. 송은주·임소연 옮김(2022). ≪바디 멀티플: 의료실천에서의 존재론≫. 그린비.

Strathern, M.(1991/2004). *Partial Connections*. AltaMira. 차은정 옮김(2019). ≪부분적인 연결들≫. 오월의봄.

Strathern, M.(1992). *After Nature*. Cambridge University Press.

04
의료

질병을 어떻게 인식하고 행하는지가 질병에 구체적인 형상을 부여한다면, 이러한 관점의 전환은 의료 행위 전반을 새롭게 이해하는 데 어떤 시사점이 있을까? 병원이라는 공간의 작동 방식, 여기서 벌어지는 환자와 의료인의 상호작용을 우리는 어떻게 새롭게 이해할 수 있을까?

의료를 실행하기

병원에서 인간의 신체가 보편적 동일성을 항구적으로 내재한 일원적 대상이 아니라 그 속성과 형상을 다양화한다는 《바디 멀티플》의 획기적 주장은 이론 차원을 넘어 의료라는 지극히 실질적인 영역이 어떻게 작동하는지 이해하는 데 중요한 논점을 제공한다. 질병은 그 자체로 존재하지 않는다. 특정한 시공간에 있는 몸에서 실행된다. 어떤 방식으로 질병을 다룰지에 따라 질병의 각기 다른 속성이 생겨난다. 이는 진단 방식이나 치료 방식의 발전이 단순히 이전에 알지 못한 몸의 신비를 밝히는 일이 아니라는 것을 뜻한다. 새로운 의학 기술이 도입되면 이전에 존재하지 않던 몸의 존재 양식이 등장한다. 의료라는 기술적 체계는 몸의 존재 양식을 필연적으로 다양화함으로써 변화시킨다.

이 관점을 확장하면 환자는 질병에 걸린 사람, 질병을 당하는 사람이 아니다. 질병과 함께 살아가며 질병을 실행하는 사람이다. 의료진도 마찬가지다. 진단과 치료에 참여하는 모든 사람, 즉 의사와 간호사, 간호조무사, 임상병리사, 환자와 가깝게 살아가는 가족 역시 질병과 함께 살아가며 질병을 실행한다. 각각이 질병을 실행하는 방식은 서로 다르지만 의료라는 장에서 부분적으로 연결되고 해석과 조정의 과정을 거친다. 병원은 질병을 각기 다른 방식으로 다룰 수 있는 곳이자, 그 차이들을 해석하고 다룰 수 있는 능력을 집적하는 곳이다. 의료는 질병과 함께 살아가며 질병의 형상을 변화시켜 나가는 여러 방식을 생성하고 실천하는 장이다.

의료가 질병의 다양화를 다루는 장이라고 한다면, 이 장을 어떻게 운영해야 할까? 몰은 《바디 멀티플》에서 동맥경화증 사례를 분석하면서 여러 복잡한 검사와 진단 과정을 서술한다. 이 앎의 실행 과정을 통해 환자와 의료진은 종국에는 어떤 결정에 도달해야 한다. 어떤 방식의 수술을 할지, 운동 치료와 같은 방식을 취해 경과를 볼지, 구체적으로 누가 무엇을 해야 할지 정해야 한다. 여기서 진짜 문제는 질병의 형상이 다양할 수 있다는 가능성 그 자체가 아니다. 환자에게 무언가를 해 볼 몸은 무한히 늘어나는 가능항으로 존재하지 않는다. 몸은 피와 살로 이루어진 것, 부서지기 쉬운 것, 그리하여 종국에는 예외 없이 종결을 맞이하는 것이다. 예컨대 침습적 수술에는 늘 여러 위험이 따르고, 그렇다고 아무런 개입도 하지 않으면 불편과 고통은 더 커진다. 여기서 무얼 하고 어떤 결과를 맞이할 것인지는, 타들어 가는 듯한 종아리의 통증처럼 지극히 현실적인 문제다.

이처럼 의료 현장에서 '누가 무엇을 할 것인가'는 환자와 의료인 모두에게 무척 중요한 질문이다. 의료인에게 이 질문은 환자에게 어떤 진단과 처치를 할지의 문제다. 환자에게 이 질문은 의료인이 제공하는 진단과 처치를 어떻게 이해하고 받아들일지 혹은 받아들이지 않을지의 문제다.

몰이 강조하는 질병의 다양화는 한편으로는 '누가 무엇을 할 것인가'라는 질문에 답하기 더욱 어렵게 한다. 질병의 형상이 질병을 행하는 방식에 따라 달라진다는 것은 특정 질병에 가장 좋은 치료 방식이 하나로 정해질 수 없다는 것을 뜻한다. 질병의 다양화가 치료를 위해 선택할 수 있는 옵션이 늘어나는, 가능 항의 증가로 이어진다면 혼란은 더욱 커진다. 그 누구도 어느 치료법은 신뢰하고 어느 치료법은 의심해야 하는지에 대해 유일무이한 답을 제시할 수 없다는 사실을 받아들여야 하기 때문이다.

그간 의료 현장에서 확신과 의심의 문제는 주로 의료진과 환자의 대립적 관계를 상정하면서 논의되어 왔다. 몰은 의료에 대한 여러 논의가 주로 의료진과 환자가 인식하고 경험하는 질병의 양상이 서로 다를 수밖에 없다는 점에 천착해 왔다고 지적하면서, 이를 '누구의 정치'라고 이름 붙인다(Mol, 2002: 166). 즉 그간 의료에서 실천의 문제는 주로 의료진과 환자의 권력 차에 주목하는 방식으로, '누가'

우위에 있는지에 대한 문제로 논의되어 왔다는 것이다. 의료는 전문적 기술의 영역이고, 여기서 환자는 전문가의 지식 수준 즉 의료인이 습득한 질병에 대한 개념적 이해에 쉽게 도달할 수 없거나 혹은 이미 다른 방식으로 질병을 실행하고 있기 때문에 접근 방식이 다를 수밖에 없다. 따라서 이를 해결하려면 의료진과 환자 간의 지식 차를 줄이고 힘의 균형을 맞추어야 한다는 주장이 주를 이루어 왔다. 예를 들어 '환자 중심 의료'는 현대 의료가 표방하는 가장 중요한 가치가 되었다. 의사의 판단을 환자의 경험이나 선호보다 우선하는 간섭주의(paternalism)를 극복하려면 환자에게 충분한 정보를 제공하고 자율적으로 선택할 수 있는 권리를 최대한 보장해 주어야 한다는 것이다.

몰은 환자가 자율적 선택을 내릴 수 있게 할 때 최선의 의료가 가능하다는 믿음이 서구의 가장 핵심적인 두 가지 가치인 '자율성'과 '합리성'에 근거한다고 본다. 자율성과 합리성은 서구 근대성을 지탱하는 가장 핵심적인 개념이며, 의료에서도 이 두 근대적 가치의 실현이 당연하게 여겨진다. 의료야말로 과학에 근거한 기술적 체계이며, 따라서 여기에 참여하는 각각의 개인이 합리적 선택을 내릴 때 가장 좋은 결과가 나올 수 있다고 여겨지는 것이다. 몰은 바로 이 지점에 의문을 던진다. 동일한 이름의 질병이라도 각기 다른 몸과 장소에서 다른 방식으로 실행되며, 각각의 실행 방식은 서로 부분적으로나마 연결되어 있기까지 하다. 의료가 다양화와 불완전한 연결을 다루는 영역이라면, 자율성에 기반한 합리적 선택은 도대체 얼마나, 어떻게 가능한 것일까?

두 논리: 선택과 돌봄

2008년에 출판된 ≪돌봄의 논리≫는 바로 이 질문에 답하려 한다. 책의 서두에서 몰은 개인적 경험을 문화기술지적 분석의 일환으로 제시한다. 1990년대 초반 자신의 임신 사실을 알게 된 몰은 당시 36살이었는데, 네덜란드에서도 한국과 유사하게 35세 이상의 임신부에게 태아의 염색체 이상 여부를 미리 확인하도록 양수 검사가 권장된다고 한다. 권고에 따라 검사를 받으러 간 인류학자는 양수 채취를 위해 긴 바늘을 준비하고 있는 간호사에게 다음과 같이 말을 건넨다. "아무 일도 일어나지 않으면 좋겠네요." 매우 드물기는 하지만 양수 검사는 검사용 바늘에 의해 양막이 터지면서 자연 유산을 일으킬 수 있는 위험이 있다. 이 말에 간호사는 "글쎄요, 검사는 환자 분의 선택이니까요"라고 답

했다고 한다(Mol, 2008: xi). 인류학자는 집에 돌아와 이날의 대화에 대해 한참을 생각하고 기록한다. 위 상황에서 검사의 위험성을 임신부와 간호사는 모두 알고 있었다. 이와 동시에 양수 검사 과정에서 유산이 매우 드물게 일어나는 일이라는 점 역시 알고 있었다. 이 상황에서 자신이 위험을 충분히 고지받고 동의했다면, 그것으로 충분한 것일까? 환자인 '내'가 한 선택에 대한 의료인의 강조는, 왜 나에게 더 큰 불안과 외로움을 가져다준 것일까? 결국 이 모든 결정은 내가 혼자 감당해야 하는 일이라고 여기게 하는 것일까? 환자가 선택하도록 하는 것, 과연 이게 가장 좋은 의료의 모습일까?

몰은 의료 현장에서 '환자의 선택'이 가장 중요한 동력으로 강조되기 시작한 데에는 근본적 이유가 자리 잡고 있다고 본다. 간호사의 응답은 한 개인의 무심한 반응이라기보다 현대 의료의 지배적 가치를 반영한다. 의료 현장에서 일어나는 모든 처치는 '환자의 선택'에 따른 것이며, 따라서 그에 따른 책임 역시 최종적으로 환자의 몫이 되어야 한다. 몰은 환자의 자율적 선택을 강조하는 경향이 사실상 좋은 의료를 불가능하게 하는 것이 아닌지 되묻는다. 온갖 종류의 검사와 치료 방법의 발전은 환자가 선택할 수 있는 여지를 더욱 키운다. 더 나아가 질병 그 자체가 삶에서 환자가 내린 여타의 연속적 선택, 식습관, 흡연 여부, 운동 유무 등에 따라 결정되는 것처럼 느껴지기도 한다. 의료를 산업이자 시장으로 바라볼 때, 여기서 선택 항을 더욱 늘리는 일은 곧 더 많은 상품을 생산하고 제공하는 일이 된다. 그리고 의료 서비스가 상품이라면, 환자는 소비자다. 이 논리하에서는 환자-소비자가 더 많은, 더 나은 소비를 하도록 하는 일은 좋은 일이자 필요한 일이다.

의료의 기본 논리는 정말 이런 것일까? 의료가 질병과 건강을 다루는 각종 실천이 이뤄지는 장이라고 한다면, 몰은 실천의 측면에 집중할 때 거기서 일종의 공통된 논리(logic)를 도출할 수 있다고 말한다. 여기서 논리는 의료 영역을 관장하는 보편 법칙이 있다는 의미에서가 아니라, 여러 가지 실천으로부터 공통 양식을 특정할 수 있다는 의미로 쓰였다.

'선택'이 우리에게 가장 익숙하게 다가오는 실천의 한 양식이라면, 몰은 그와 대비되는 실천 논리로 '돌봄(care)'을 설정한다. ≪바디 멀티플≫이 문화기술지에 기반해 질병의 존재론을 이론화하려 했다면, ≪돌봄의 논리≫는 당뇨병 치료에 대한 현장 연구를 기반으로 의료의 구성 방식을 탐구한다. 두 저작 모두 인류학적 현장 연구에 기반을 두지만, ≪돌봄의 논리≫는 질병 경험에 대한 실증적 탐구와 조금 다른 방식을 취한다. ≪돌봄의 논리≫에서 몰은 문화기술지적 사례 연구의 스타일을 차용하기는 하지만, 몰의 목적은 두 논리 구조를 대조해 좋은 의료란 어떤 것인지 통찰을 얻는 데에 있다. 즉 ≪돌봄의 논리≫는 네덜란드에서 당뇨병 환자를 치료하는 방식에 대한 현장 연구에 기반하지만, 이 책에서 제시되는 사례들은 실제로 사람들이 어떤 실천을 하는지를 실증적으로 반영하기보다 몰이 설정한 대조점 즉 선택과 돌봄이라는 두 가지 각기 다른 논리 구조를 추출하기 위해 재가공되었다.

몰은 사회과학적 방법을 통해 철학적 탐구를 해 나가면서 동시에 양쪽에서 요구하는 고유한 엄밀성으로부터 달아나는 것, 즉 의도적 탈주로 좋은 의료에 대한 인류학적 탐구가 가능하다고 보았다. 의료 윤리에 대한 철학적 탐구는 판단의 근거를 언제 어디서나 통용 가능한 보편성의 차원에서 논의하려 하며, 이를 위해 윤리적 준칙을 설정하는 데 주로 집중한다. 인류학을 비롯한 사회과학적 탐구는 보편적 선이나 참을 규명하기보다는 특정한 상황과 맥락에서 어떤 실천이 이뤄지는지, 여기서 좋음과 나쁨, 옳고 그름이 해석되고 서로 경합하는 양상을 파악하고 분석하는 데 주로 집중한다. 몰은 의료라는 특정 영역에서 만들어지는 선(善)의 특성을 이해하려면 경험의 구체성으로부터 출발하되, 이를 자신의 목적에 맞추어 정제해 낼 필요가 있다고 보았다. 즉 의료 영역에서의 일상적 실천이 여러 속성이 뒤섞인 혼합물이라고 한다면, 여기서 좋음을 구성하는 요소들만을 뽑아내려 한다. '선택'과 '돌봄'을 서로 다른 논리 형식으로 대조하는 것이 몰이 택한 추출 방법이다.

참고문헌

Mol, A.(2002). *The Body Multiple: Ontology in Medical Practice.* Duke University Press. 송은주·임소연 옮김(2022). ≪바디 멀티플: 의료실천에서의 존재론≫. 그린비.

Mol, A.(2008). *The Logic of Care: Health and the Problem of Patient Choice.* Routledge.

05
환자 - 소비자

소비자주의는 자본주의 사회를 구성하는 강력한 행동 규범이다. 의료 소비자로서 환자는 더 좋은 의료 서비스를 고르고 살 권리를 마땅히 가져야 한다. 품질과 효용을 따져서 좋은 물건을 고르듯이, 좋은 의료도 골라낼 수 있는 것일까? 몸을 잘 고치고 돌보는 일과 따지고 고르는 일은 과연 어떻게 같고 다를까?

소비자의 선택과 시장의 작동

몰은 ≪돌봄의 논리≫에서 만성질환인 당뇨병 치료를 위해 간호사와 의사, 환자가 진료실 안팎에서 어떤 어려움을 직면하는지 살핀다(Mol, 2008). 여기서 몰의 최대 관심사는 사람들이 '어떻게 생각하는지'가 아니라 '어떻게 말하고 행동하는지'다. 완치가 없는 병, 평생 함께 살아가야 하는 병을 두고 사람들이 일상에서 무엇을 하고 무엇을 해야 한다고 여기는지 살펴봄으로써, 만성질환 관리라는 현대 의료의 가장 중요한 과제가 어떻게 다뤄지는지 파악할 수 있다. 몰이 설정한 두 가지 각기 다른 논리, '선택'과 '돌봄'을 대조하면 다음과 같은 차이를 도출할 수 있다.

의료에서 선택 논리가 가정하는 기본 전제는 의료인이 질병과 건강에 관한 사실적 정보를 충실히 전달하면 환자는 이를 이해하고 자신의 행동을 조정할 수 있다는 것이다. 즉 합리적 판단이 우선적으로 기대된다. 그리고 의료진과 환자는 계약 관계를 맺고 있는 것으로 여겨진다. 이 조건하에서 의료는 상품의 일종처럼 거래된다. 의료가 상품이라는 말은 의료 서비스에 가격이 붙어 있고 공급자와 구매자의 거래를 통해 이윤이 발생한다는 측면만을 가리키지 않는다. 선택 논리는 의료, 즉 질병을 치료하고 건강을 증진하기 위한 여타의 개입을 '한정 수량'의 측면에서 생각하게 한다. 다시 말해 그 양이 최종적으로 한정될 수밖에 없는 재화로 여기게 하고, 이를 어떻게 최대의 효율에 따라 배분할 것인지 먼저 고려하게 한다(Mol, 2008: 11). 예를 들어 환자 자신 혹은 의사나 간호사가 환자에게 쏟을 수 있는 관심 역시 그 총량이 한정되어 있는 것, 다시 말해 효율화를 추구해야 하는 것으로 계산하게 한다.

선택 논리는 시장의 작동을 의료 영역에 도입하는 것을 자연스럽게 여기게 한다. 건강을 얻기 위해, 병을 고치기 위해 환자가 사야 하는 것들은 끝이 없다. 새로운 치료법, 새로운 의약품, 새로운 진단과 측정 기구들이 계속 나온다. 물론 이는 실질적으로 수요가 늘어서만이 아니다. 시장에서 수요는 창출되는 것이다. 마케팅은 질병의 종류에 따라, 생활 습관이나 위험 인자의 유무에 따라, 성별과 연령에 따라 혹은 지역적·계급적 취향에 따라 환자를 세분하고 각기 특별한 무언가가 필요하다고 부추긴다. 이 논리 구조에서 환자는 마케팅의 표적 집단이 된다.

몰은 의료 시장을 작동하는 초국적 자본과 국가 정책의 상호 작용을 거시적으로 분석하지는 않는다. 그 대신 진료실과 환자의 일상에 시장의 논리가 어떻게 침투하고 있는지 훑어보려 한다. 즉 어디서든 쉽게 마주칠 수 있는 사소한 일상에 주목한다. 병원 대기실 잡지에 실린, 당뇨병 환자를 위한 혈당 측정기 광고가 그 사례 중 하나다. 잡지 광고에는 조약돌만 한 크기의 혈당 측정기 사진이 실려 있고 그 아래에는 등산을 즐기는 사람들의 모습이 합성되어 있다(Mol, 2008: 14-16). 대단히 상업적인 광고라고 보기는 어렵다. 혈당을 주기적으로 잘 측정할 수 있도록 도와주는 기기를 사면 당뇨병 환자라도 활기찬 생활을 유지할 수 있다는 정도의 메시지를 전한다.

몰은 이처럼 대단치 않은, 흔히 접할 수 있는 광고를 들여다보며 질병과 함께 살아가는 사람들이 소비자로 대해질 때 당연시되는 가치와 덕목이 무엇인지 되묻는다. 소비자로서 환자는 건강의 증진과 질병으로부터의 회복을 위해 특정한 상품을 고를 수 있는 자유와 능력을 갖춘 사람으로 여겨진다. 여기서 의료는 두 가지 성격을 띤다. 첫째, 상품으로서 의료는 상품처럼 특정할 수 있는 것, 즉 "이걸 얼마치 주세요"라고 가리킬 수 있는 종류의 단위로 쪼개어 나눌 수 있는 것으로 여겨진다. 둘째, 환자가 소비자로 여겨지는 시장에서 자유는 선택적 구매를 통해 증진될 수 있다. 더 좋은 혈당 측정기를 구매하면 더욱 자유롭게 산행을 다닐 수 있다는 광고의 강조처럼 말이다. 당뇨병 환자가 원하는 것이 알프스산맥을 누비는 산행인지 아닌지는 중요하지 않다. 시장에서 수요는 창출되어야 한다. 의료는 유혹적이고 유혹하는 것이 된다. 여기서 가장 잘 팔리는 욕망은 질병과 죽음, 고통과 불편으로부터 자유로울 수 있다는 꿈이다. 소비자로서 환자는 자신이 필요하다고 혹은 매력적이라고 느끼는 기구와 치료법, 서비스를 욕망하고, 이를 구매함으로써 만족을 느낄 수 있다. 그리고 모든 소비주의적 환상이 그러한 것처럼 시장은 한계를 설정하지 않는다. 건강이라는 꿈을 위해서는 뭐든 해 볼 수 있고, 뭐든 해 보아야 한다.

환자-소비자라는 허상을 넘어서기

돌봄 논리는 선택 논리가 상정하는 환자-소비자 모델과는 전혀 다른 방식으로 의료의 작동을 설명한다. 무엇보다 의료인이 질병에 대한 표준적 지식을 전달하면 환자가 그것을 이해하고 행동에 옮긴다는 식의 선형 모델을 설정하지 않는다. 아픈 사람들의 몸은 모두 각기 다른 상황에 처해 있고, 어떤 개입이 필요한지는 환자의 사정에 맞추어 이리저리 맞추어 보아야 알 수 있다. 선택 논리에서 의료는 각각의 단위로 나뉘고 쪼개질 수 있는 것처럼 여겨지지만 돌봄 논리에서 의료는 언제나 과정이다. 치료는 언제 끝날지 알 수 없는 일이 되기도 한다. 몰이 주요 사례로 다루는 당뇨병은 완치의 시간성을 따르지 않으며, 환자는 당뇨병과 함께 살아가기 위해 스스로를 돌보는 일을 끊임없이 계속해서 해내야 한다. 혈당을 측정하고, 인슐린 치료를 지속해야 한다. 같은 일을 매번 다시 할 수 있어야 한다.

따라서 여기서 생겨나는 상호 작용은 거래, 즉 재화와 대가를 서로 주고받으면 끝나는 형식을 취할 수가 없다. 환자와 의료진, 가족이 여러 방향에서 동시에 실천에 참여해야만 한다. 인터넷 쇼핑처럼 클릭하면 거래가 체결되는 것이 아니다. 혈당 조절의 결과가 어떤지에 따라 다른 방식의 접근을 다시 새롭게 시도해 보아야 한다. 당뇨병 환자에게 혈당 조절은 끊임없는 실패의 연속이기도 하다. 돌봄 논리에서 치료는 이 무수한 실패 속에서도 끈질기게 포기하지 않게 하는 것, 자책하게 하기보다는 실패를 용서하며 계속 나아갈 수 있도록 하는 일이다.

선택 논리에서 환자가 소비 촉진을 위한 표적 집단이라면 돌봄 논리에서 환자는 협력을 이끌어 내야 하는, 치료라는 같은 목표를 공유하는 팀의 일원이다(Mol, 2008: 20). 의료인과 환자에게는 모두 각자 해야 할 몫이 있다. 환자의 필요는 매우 구체적이며, 자유라는 꿈과는 거리가 멀다.

환자에게 필요한 것은 언제든 거친 알프스산맥을 누빌 수 있다는 모험의 환상이 아니라 발에 상처가 생기지 않도록 발가락 끝을 잘 감싸 주는 튼튼한 양말이다. 당뇨병 환자에게 발에 생긴 작은 상처는 심각한 궤양으로 쉽게 악화할 수 있다. 발에 상처가 생기지 않도록 챙기는 사소한 일들은 전혀 모험적이지 않다. 환자는 고통받는 사람 혹은 언제든 고통받을 수 있는 사람이다. 선택의 자유가 상정하는 멋진 삶을 더 욕망하기보다는 할 수 있는 일과 할 수 없는 일, 해야 하는 일과 해서는 안 되는 일을 늘 생각하고 균형을 잡아야 한다. 돌봄 논리에 따르면 환자는 더 많은 것에 대한 욕구와 환상이 아니라 절제의 미덕을 갖추도록 요구받는다.

선택 논리에서 욕망의 대상이 건강이라면, 돌봄 논리에서 중요한 것은 건강이 아니라 질병과 함께 살아가는 일이다. 질병과 함께 살아가려면 욕망이 아니라 지성을 키워야 한다. 따라서 의료진, 즉 돌보는 일의 전문가는 환자의 지성을 키우는 일에 동참해야 한다. 여기서 지성은 질병에 대한 완벽한 통제, 즉 혈당을 늘 정확히 조절하는 것이 가능하다는 환상을 품지 않으면서 매일의 일상에서 생겨나는 작은 문제들에 대응할 수 있는 능력이다. 최선을 다하되, 어느 상황에서는 실패할 수도 있다는 것을 받아들일 수 있는 여지를 길러야 한다. 그래야 당뇨라는 병과 함께 살아갈 수 있다. 돌봄 논리에 따르면 좋은 당뇨병 치료는 환자가 늘 최적의 상태를 유지할 수 있다는 헛된 약속을 하지 않아야 한다. 좋은 치료는 열심히 노력한다고 하더라도 나쁜 결과가 생길 수 있다는 사실을 받아들이게 하는 일, 환자가 일상의 작은 실패에도 포기하지 않고 치료를 계속해 나가도록 이끄는 일이다.

돌봄 논리에 따르면 환자는 페이션트(patient)라는 영어 단어의 어원처럼 고통받는(pati-) 사람이다. 그러나 이는 결코 환자가 수동적 존재임을 뜻하지 않는다. 환자는 고통을 감수하며, 치료에 중요한 역할을 할 수 있는 사람이다. 돌봄 논리에서 환자는 유연하게 회복력을 발휘할 수 있는 행위자이며, 여기서 환자의 행위력은 질병을 극복해서 건강을 달성하는 것이 아니라 질병이 허락하는 한에서 건강을 도모하는 힘과 능력을 뜻한다. '적극적 환자(active patient)'라는 모순어법은 그래서 가능하다. 몰에게 "돌봄의 기예(art of care)"는 질병의 예측 불가능성을 받아들이며 완벽한 통제를 꿈꾸지 않는 것, 그리하여 완전한 회복을 포기하면서도 계속해서 실천을 지속하는 일이다(Mol, 2008: 23).

참고문헌

Mol, A.(2008). *The Logic of Care: Health and the Problem of Patient Choice*. Routledge.

06
환자-시민

선택은 단순히 소비자주의의 좁은 테두리 안에서만 좋은
가치로 여겨지지 않는다. 권리를 가진 시민이라는 개념에
도 선택에 대한 선호가 자리 잡고 있다. 환자가 스스로 판
단하고 결정할 권한을 발휘하는 일에 가장 큰 가치를 부여
할 때, 의료는 과연 어떤 모습을 띠게 되는 것일까?

시민의 세 이념형

의료에서 선택의 문제는 단순히 환자를 소비자의 일종으로 보는 방식에만 기초하고 있지 않다. 선택은 근대적 시민 계약의 핵심을 이루는 개념이다. 시민으로서 환자는 권리와 의무를 담지한 존재이며, 선택 논리에서 환자와 의료인은 시민 대 시민으로서 계약 관계에 놓인다. 또한 이들의 관계는 마땅히 평등을 기반으로 해야 한다고 여겨진다. 시민에게 반드시 시민권이 주어져야 하는 것처럼 환자에게는 환자권이 있어야 한다. 환자 권리 보호법이나 환자 권리 운동은 모두 전문가의 압제에서 환자를 해방하기 위한, 양자 간의 평등을 확보하는 것을 목표로 한다. 환자를 소비자로 대하는 일, 고객 취급을 하는 일에 문제의식을 가진다고 하더라도 환자를 시민으로 대하는 일은 마땅히 당연하고 옳은 일처럼 여겨진다.

그러나 몰의 관점에서 소비자와 시민은 모두 선택 논리에 기초하고 있다는 점에서 환자, 즉 질병과 함께 살아가는 사람을 잘 돌보기에는 적절하지 않은 개념이다. 몰이 보기에 고객의 권리를 주장하는 소비자주의와 환자의 권리를 주장하는 시민운동은 모두 개인화된 자율성 개념, 즉 개인이 원하는 것을 선택하고 취할 수 있는 권리를 가장 우선시

한다는 점에서 동일한 논리를 공유한다.

선택 논리에서 환자-시민은 몸의 주인으로서 정치적 주체다. 몸을 정복한 상태, 즉 몸의 복종을 달성한 존재로 여겨진다(Mol, 2008: 29-40). 근대적 시민 모델에서 시민은 크게 세 가지 이념형에 근거하는데, 모두 몸의 통제에 관한 고유의 사고를 포함한다. 첫 번째 시민 모델은 고대 그리스의 도시 국가를 구성하는 자유민이다. 광장에 모인 자유민은 대리석으로 만든 고대 그리스 조각상과 다를 바 없는 존재다. 튼튼한 근육과 매끈한 피부, 대리석처럼 단단한 몸을 지녀야 한다. 자유롭게 자기 몸을 움직일 수 있는 이동 능력, 공적 공간에서 자신의 의견을 개진할 수 있는 통제력을 갖춘 존재가 곧 시민이다. 두 번째 시민 모델은 부르주아(유산 계급)다. 이들은 자본과 교양을 모두 갖추었다. 스스로를 통치할 수 있는 절제력이 있으며, 예의를 차릴 줄 아는 사람들이다. 중산 계급적 시민의 예의와 자질은 기본적으로 몸의 욕구를 잘 통제할 줄 아는 데에서 기인한다. 세 번째 시민 모델은 계몽주의적 주체다. 이들은 비판적 판단을 내릴 수 있으며, 세속의 편견과 미망으로부터 벗어나 자연의 법칙을 이해할 수 있는 이성적 주체다. 칸트적 주체인 이들은 몸의 통제를 넘어서, 몸을 초월해 세계에 대한 성찰을 감행할 수 있다고 여겨진다.

환자-시민의 불가능성

몰은 이 세 가지 시민 유형을 환자에 적용하는 것이 왜 불가능한지 조목조목 따진다.

먼저 자유민은 기본적으로 자신의 몸을 통제할 수 있는 존재로 상정되지만, 환자는 이러한 통제력을 언제나 잃을 수 있는 존재다. 돌봄 논리에서 환자는 몸의 통제를 목표하는 것이 아니라 몸의 변화에 주의를 기울이고 몸이 처한 상황에 맞추어 적응하고 변용하는 능력을 갖출 것을 요구받는다. 그 누구도 대리석 조각상과 같은 몸을 가질 수 없다. 대리석 조각은 먹지도 않고 당뇨병에 걸리지도 않는다. 그러나 환자의 몸은 그와 다르다. 살아 있는 몸은 쉴 새 없는 신진대사의 장소이자 과정이자 결과다. 우리는 먹고 뱉는, 흡수하고 배설하는 존재다. 또한 몸은 늘 다른 것들에 의존한다. 당뇨병 환자에게 주사용 인슐린은 몸의 일부와 다름없다. 따라서 당뇨병 환자는 인슐린 주사제를 사용하라는 의료인의 지시에서 완전히 자유로울 수 없지만, 그렇다고 그 지시에 완전히 종속되지도 않는다. 돌봄 논리에서 환자는 자유와 종속 사이에서 균형을 찾는 존재다.

환자는 부르주아 시민 모델 역시 따를 수 없다. 환자는 몸의 정상성을 기준으로 하는 예의범절을 늘 지킬 수가 없다. 부르주아 시민은 공적 공간에서 먹고 마시고 배설하는 순간을 적절하게 구별하고 특정한 생활 규범에 자신을 맞출 수 있어야 한다. 그러나 어느 당뇨병 환자에게 부르주아 시민 예절은 어느 순간에는 너무나 지키기 어렵다. 예컨대 모두가 진지한 토론을 하고 있는 회의 시간에 혈당 때문에 뭔가를 주섬주섬 먹어야 하고, 혼자 자리를 떠나 화장실에 가서 인슐린 주사를 놓아야 한다. 체면이 깎인다고 해도 어쩔 수 없는 일이다. 생일 파티에 초대받아서 모두가 케이크를 먹을 때, 함께 즐기고 싶어도 애써 거절해야한다. 혹여 분위기에 취해 케이크 한 조각을 다 먹기라도 한다면 스스로 고혈당증을 일으켰다는 자책감에 시달리기 마련이다(Mol, 2008: 36). 돌봄 논리에 따르면 진료실에서 의료진이 해야 하는 일은 환자-시민이 더욱 엄격하게 스스로를 통제할 수 있도록 책망하는 것이 아니다. 완전히 통제할 수 없는 몸과 살아가는 환자가 작은 즐거움을 누리는 방법을 깨우칠 수 있도록 북돋아야 한다.

마지막으로 환자의 몸은 계몽주의가 상정하는 것처럼 보편적 자연 법칙에 따라 결정되지 않는다. 몸은 자연적 대상이 아니며, 과학적 법칙으로 환원되지 않는다. 몸의 다양화 개념이 보여 주듯 몸의 존재 양식은 기술적 개입을 실행하는 방식에 따라 달라진다. 당뇨병 환자에게 혈당의 변화는 단순히 측정을 통해 알 수 있는 것이 아니다. 환자는 자기 몸의 변화를 감지하는 나름의 방식을 깨우쳐야 한다. 고혈당증은 측정 가능하지만, 측정 수치에만 의지해서는 위급한 상황에 잘 대응할 수 없다. 환자 스스로 어떤 상황에서 고혈당증이 생겨날 수 있는지를 느끼고 그에 맞추어 대응할 줄 알아야 한다. 간호사와 의사의 질병에 대한 앎 역시 추상적 법칙에 대한 이해에서 생겨나는 것이 아니라, 환자의 몸을 통해 알게 되는 것이다. 환자와 의료진 모두 몸을 느끼고 몸과 교류하는 방식을 배우는 과정을 통해서만 질병을 더 잘 다루는 법을 깨우칠 수 있다.

참고문헌

Mol, A.(2008). *The Logic of Care: Health and the Problem of Patient Choice*. Routledge.

07
의료하기

의료의 기본 논리를 선택으로 상정할지, 아니면 돌봄으로 구체화할지에 따라서 환자에게 부여되어야 하는 권한과 능력의 속성이 크게 달라진다. 그렇다면 의료인의 역할은 어떠할까? 의료는 결국 가장 많은 지식을 가진 의사의 몫인 것일까? 의사를 자격이 아니라 역할로 본다면, 의료 현장에서 의사 구실을 하는 이들은 언제나 의사보다 더 많을 수 있다.

의료진의 역할 설정

환자가 소비자로도, 시민으로도 쉽사리 환원되지 않는 존재라면 의료인은 어떨까? 몰은 의료진의 역할이 주로 권한의 문제로 여겨지면서, 기존의 논의가 그들의 힘이 얼마나 큰지에 주로 초점을 맞추어 왔다고 지적한다(Mol, 2008). 그러나 당뇨병과 같은 만성질환 관리에서 의료진의 힘은 미약하기 그지없다. 당뇨병은 완치가 불가능한 병이며, 의사는 환자에게 억지로 약을 먹일 수도, 옆에 붙어 식습관을 감시할 수도 없다. 이 상황에서 의료진과 환자에게 가장 중요한 질문은 '누가 주도하느냐', '누구의 권한이 더 크냐'가 아니다. 어떻게 하면 질병과 함께 살아갈 수 있을지, 어떻게 하면 이 죽음 이전까지는 종결이 없는 질병의 시간을 지속 가능하게 할 것인지, 단순히 생존이 아니라 삶의 즐거움을 느낄 수 있는 시간으로 만들 수 있을지에 대한 관심이 필요하다.

환자를 소비자 혹은 시민으로 바라볼 때, 즉 선택 논리로 접근할 때 의료진, 특히 의사와 간호사는 관리자의 역할을 부여받는다. 환자의 독립성 그리고 환자와 의료인 사이의 평등이 최선의 가치인 상황에서 의료진은 환자의 자율성을 침해하지 않으면서 그가 원하는 선택을 할 수 있도록 충분한 정보와 의학적 사실을 전달할 것이 기대된다.

몰은 의료에서 사실(fact)은 언제나 규범의 문제이자 가치의 문제라고 주장한다(Mol, 2008: 44). 선택 논리에서 각종 의료 기술과 치료법은 수단으로 여겨진다. 의료진은 기술자로, 전문적 도구를 잘 다루기만 하면 된다. 그러나 몰의 다양화 개념이 보여 주듯 의료는 몸과 질병에 대한 보편적 사실을 알아내는 과정이 아니라 실행을 통해 실재를 변형해 나가는 과정이다. 기술적 개입은 결코 중립적이지 않으며, 의료 전문가는 기술자 역할에 머무를 수가 없다. 따라서 돌봄 논리에서 의료인이 가장 중시해야 하는 것은 진단 기술의 도구를 활용해 몸을 측정하고 그에 대한 사실적 정보를 전달하는 일이 아니라 환자의 변화하는 상태에 주의를 기울일 줄 아는 것, 그에 맞추어 어떤 가치와 목표를 환자와 공유할지 설정하는 능력이라고 할 수 있다.

의료하기

몰은 《돌봄의 논리》에서 의사 역할은 의사 면허를 가진 특수한 전문인만 할 수 있는 일이 아니라고 말한다. 의사 구실, 의사 노릇은 돌보는 일에 가담하는 모든 사람이 함께

63

하는 일이다. 닥터링(doctoring)을 작용의 측면에서 본다면, 여기에는 언제나 간호사가 하는 일, 환자 자신이 스스로를 돌보기 위해 하는 일이 모두 포함된다. 의료 영역에서 누구도 혼자 행동하지 않는다. 현대 의료에서 의사 혼자 할 수 있는 일은 지극히 제한적이다. 진단과 처방은 검사를 수행하는 사람, 관찰을 수행하는 사람, 간호와 간병을 하는 사람, 이 사람들과 함께 병을 앓고 있는 사람이 있기에 가능하다. 따라서 돌봄 논리하에서 '닥터링'은 따라서 '닥터'만 하는 일이 아니다(Mol, 2008: 55). 각기 다른 역할과 지식을 가진 여러 사람이 모여 함께 해 나가는 일, 서로가 서로의 기여를 진지하게 받아들이는 일이다. 바로 그러한 의미에서 닥터링은 우리말로 '의료하기'라고 이름 붙일 수 있다.

몰은 ≪돌봄의 논리≫에서 간호사와 환자 간의 상호 작용을 곳곳에 서술하지만, 간호사의 역할을 닥터링 개념으로 충분히 이론화하지는 않는다. 그러나 '의료하기' 개념은 의료 전문가 내부의 위계를 되짚은 데에도 적극적으로 활용해 볼 수 있다. 즉 좋은 의료는 오로지 의사에게서만 나오는 것이 아니다. 의료를 실행하기 위해서는 언제나 여러 사람의 기여가 필요하며, 특히 좋은 간호가 있어야 한다. 간호에 대한 과학기술학적, 인류학적 연구들은 현대 의료의 작동에서 간호사가 수행하는 역할의 중층성을 분석하면서, 의사와 간호사는 누가 처치를 지시하고 따르느냐의 위계적 차원이 아니라 상호불가분의 차원에서 실천을 공유하고 있다는 점을 강조한 바 있다(Bowker, et al., 2001; Seo, 2020). 간호사는 단순히 보조적 업무를 수행하는 사람이 아니라 닥터링을 하는 사람이다. 즉 '의료하기'가 가능하도록 제반 조건을 형성하는 사람이다. 의사와 간호사 각각에게 어떤 자격과 권한을 독점적으로 부여하고 제한할지를 따지는 것만으로는 이들 간의 협력이 어떤 조건에서 최선에 도달할 수 있는지를 충분히 논의하기 어렵다.

또한 의료하기 개념은 간호사와 의사와 같은 전문가가 해야 하는 최우선의 역할이 환자 신체의 생물학적 교정이 아니라는 점을 더 진지하게 받아들이게 한다. 의료인이 해야 하는 가장 중요한 일이 병을 '고치는' 일이라고 할 때, 병의 형세와 속성은 의료적 개입의 방식에 따라 변화하기 마련이다. 질병의 다양화라는 개념을 진지하게 받아들인다면, 생물학적 교정 즉 어긋난 것을 바로잡아 원래로 돌려놓는 일은 일시적 목표에 불과하다. 몸을 고치는 일은 복구나 교정보다는 수선(tinkering)에 더 가깝다(Mol, 2008: 12). 환자의 몸은 회복 가능하지만 동시에 쉼 없이 낡고 헐어 부서진다. 몸을 고치는 일은 따라서 원래 상태로의 회귀가 아니라 부서진 것을 주어진 상황에 따라 이리저리 끼워 맞추어 보는 일, 고장 난 부분을 매만지고 임시로라도 때우고 또 어딘가 어긋나서 삐거덕대면 다시 손보는 일과 다름없다. 간호사와 의사가 수선하는 사람이라면, 그들의 목표는 훨씬 더 겸손해질 수밖에 없을 것이다.

참고문헌

Bowker, G. et al.(2001). Classifying Nursing Work. *Online Journal of Issues in Nursing, 6*(2).

Mol, A.(2008). *The Logic of Care: Health and the Problem of Patient Choice.* Routledge.

Seo, B.(2020). *Eliciting Care.* The University of Wisconsin Press. 오숙은 옮김(2025). ≪돌봄이 이끄는 자리: 모두를 위한 의료와 보살피는 삶의 인류학≫. 반비.

08
의료의 선

좋은 의료는 도대체 어떤 모습일까? 환자-소비자의 만족을 최대한으로 높인다고, 환자-시민의 권리를 완벽히 보호한다고 늘 더 좋은 결과가 생겨나지는 않는다. 오히려 고통이 늘어나기도 한다. 그렇다면 의료에서 추구해야 하는 좋음, 선은 도대체 어떤 모습이어야 하는 것일까? 어떻게 증진할 수 있는 것일까?

대조 논법의 한계

몰이 선택과 돌봄을 대치하는 방식은 어느 면에서는 작위적으로 보이기도 한다. 여럿 가운데서 하나를 고르는 일이 선택이라면, 선택은 행위의 양상과 방식을 정하는 과정에서 늘 일어나기 마련이다. 우선순위를 정하고 필요와 불필요를 나누는 일은 인지 과정에서 필수적이기도 하다. 또한 몰이 돌봄 논리에 기반하고 있다고 분류하는 실천들은 성격상 일관성 없는 목록처럼 느껴지기도 하고, 어느 면에서는 의료진의 좋은 의도에 더 큰 의미를 부여한다는 점에서 온정적 간섭주의(paternalism)와 크게 다르지 않은 것처럼 보이기도 한다.

한편으로 몰은 진료 과정에서 일어나는 여러 실패를 일어날 수밖에 없는 일로 여기는데, 이는 당뇨병과 같은 만성질환 관리의 특수성에 기인한다. 따라서 만성질환 사례의 실패와 오류에 대한 관용적 태도를 수술 혹은 침습적 처치에서 발생 가능한 환자 안전 문제에도 적용할 수 있을 것인지는 더욱 엄밀하게 따져 볼 필요가 있다.

어느 면에서 ≪돌봄의 논리≫는 개념적 대조를 위해 연구 참여자들의 질병 경험을 단순화하고 지나치게 추상화했다는 비판을 면하기 어렵다. 행위자가 자신의 실천을 선택의 문제로 보는지 혹은 돌봄이라고 해석하는지는 몰에게 그다지 중요하지 않다. 이러한 의도적 간략화에 따라 사회적 실천의 복잡성은 연구자가 진료실에서 마주친, 즉각적으로 포착한 몇 가지 대화와 행위로 앙상하게 축소된다.

결론적으로 몰이 택한 방법론적, 서술적 전략은 의료 윤리를 보편주의적으로 접근하는 기존의 주류적 방식에서 벗어나면서 윤리에 관해 말할 수 있는 여지를 찾고자 하는 시도라고 볼 수 있을 듯하다. 기존의 의료 윤리 논의는 매우 실질적인 실천의 영역을 다루고 있음에도 환자의 구체적 경험과 의료 현장에서 일어나는 갈등을 직접 다루기보다 가상적 상황을 설정하고 거기서 보편적 준칙을 끌어내는 방식을 주로 택해 왔다. 이와 반대로 몰은 현장 연구를 통해 실천의 구체성을 먼저 파악하고, 여기서 어떤 좋음 즉 선(善)의 속성이 만들어지는지 파악하려 했다. 이는 문화기술지(ethnography)의 장점인 깊은 심도를 포기함으로써 각기 다른 두 가지 논리의 대조를 더 명확히 하려는 시도라고 할 수 있을 것이다. 사진에 비유하자면, 심도를 낮추고 명암의 대조를 크게 키워서 대상의 윤곽을 더 뚜렷하게 묘사하는 방식이라고 할 수 있다.

몰의 문제의식은 선택을 인간 행위의 중심에 놓지 않는다면 과연 어떤 일이 일어나는지 탐구하는 데 있다. 선택은 자유, 독립성, 평등이라는 자유주의적 인간형의 토대를 이루는 기본 개념이기 때문이다. 이때, 무한히 자유로운 선택이 실재가 아니라 이념형인 것처럼 돌봄 역시 몰이 그 반대상으로 설정한 하나의 이상적 지향이라고 할 수 있다.

몰에게 돌봄의 다른 말은 주의 깊음 혹은 사려(思慮)다. 그에게 돌봄은 일반적 선택 기준이나 판단 준거를 먼저 정하는 일이 아니라 구체적이고 특수한 상황에 깊은 주의를 기울이고 이를 바탕으로 실질적 행위에 참여하는 양상이다. 무엇이 더 좋은지 혹은 나쁜지는 미리 결정되어 있지 않으며 오로지 행위를 통해서만 도출된다. 즉 몰이 보기에 의료에서 정말 무엇이 좋은지는, 다시 말해 선의 양상은 일반적 원리로 미리 규정할 수 없으며 어떤 원리에 근거하는지에 따라 매우 다른 양상을 띨 수밖에 없다.

선택 논리에서는 어떤 의료적 개입이 좋은지 나쁜지가 환자의 독립성과 자율성 확보라는 가치 기준에 부합하는지에 따라 판정될 수 있다면, 몰이 주창하는 돌봄 논리에서는 추상적 원칙에 근거한 판단이 무의미하다. 환자가 어떤 상황에 놓여 있는지, 어떤 실천을 하는지에 따라 등장하는 좋은 가치의 형상과 속성이 달라질 수밖에 없기 때문이다.

선의 일상성

몰의 접근 방식에서 의료의 도덕적 성격, 즉 윤리의 문제는
존엄사나 안락사, 임신 중지, 감염병 범유행 상황에서의
자원 분배처럼 특별한 사례를 다룰 때만 고려해야 하는
측면이 아니다. 진료실에서 당뇨병 환자를 상담하는 일처
럼 대수롭지 않게 매일매일 일어나는 행위들이야말로 의
료 윤리의 핵심을 구성한다. 이러한 일상적 실천이야말로
어떻게 하면 환자에게 또는 질병과 함께 살아가야 하는 사
람에게 가능한 한 더 좋은 삶을 가능하게 할 것인지의 문제
를 다루고 있기 때문이다. 모든 임상적, 과학적 사실은 가
치의 복수성과 깊이 연루되어 있고, 따라서 실질적인 의료
하기(doctoring)에서 윤리와 결부되지 않은 사안은 존재하
지 않는다.

　환자의 시민적 권리를 강조하는 입장이 실패하는 지점
이 바로 여기에 있다. 시민 모델에서 시민 간의 갈등은 토
론을 통해, 서로 다른 입장과 의견이 충돌하더라도 합의를
도출할 것이 기대된다. 그러나 진료실에서 할 수 있는 가장
좋은 대화 방식은 토론이 아니다. 병원에서 의료진과 환자
는 대등하게 대립하는 것 그 자체를 목표로 삼을 수 없다.
대화를 통해 정보 격차를 줄이고자 할 수는 있지만, 지식이

나 앎은 단순히 전달한다고 생겨나는 것이 아니다. 제공되는 정보의 총량을 늘리는 대화가 아니라 서로의 경험을 공유하고 이해의 폭을 넓히는 상호 작용을 해야 한다. 시민 간의 토론은 찬성과 반대로 나뉘어 어느 한편이 이기는 결과를 기대할 수 있지만, 진료실에서 대화는 승패를 목적으로 하지 않는다. 누가 논쟁에서 이기는지가 중요하지 않다. 무엇을 할 수 있는지 서로 조금씩 맞추어 가는 일이 가장 중하다. 바로 이 실천의 차원에서 의료는 덕성의 함양과 연결된다. 환자와 의료인이 함께 선을 추구해야 한다.

결국 의료진과 환자 모두가 스스로를 선택하는 사람이라고 여길지 아니면 돌보는 사람이라고 여길지가 큰 차이를 만들어 낸다. 몰에게 선택하는 사람의 자리는 지극히 외롭기 그지없다. 의료진이든 환자든 자신이 해야 하는 가장 중요한 일이 선택이라고 여길 때, 틀리지 않는 것이 제일 중요해진다. 최고의 선택을 하려면, 어떤 선택지가 있는지 모두 알고, 각각의 선택에 따라 어떤 득실이 있는지 다 따져 보아야 한다. 완벽히 통달해야 한다. 그리고 이 완벽성에 대한 요구는 의료진에게는 절대 실수해서는 안 된다는 압박감을, 환자에게는 자신이 선택한 일이니 결국 그 결과는 혼자 감내해야 한다는 고립감을 더욱 강화한다. 몰은 돌보는 사람의 자리를 택한다는 것은 의료진과 환자 모두 그 누구도 완벽한 통제력을 발휘할 수 없다는 것을 받아들이는 일이라고 말한다.

모두가 최선을 다해 잘하려고 해도 나쁜 결과가 생길 수 있다. 돌봄은 누가 어디서 무슨 잘못을 저질렀는지 따지기보다 그다음에는 무얼 할지 함께 정하고 나아가는 것, 완벽하지 못했다는 죄책감이 아니라 서로 기운을 내어 함께 나아가게 하는 적응력과 지속력을 키우는 일이다.

참고문헌

Mol, A.(2008). *The Logic of Care: Health and the Problem of Patient Choice*. Routledge.

09
선의 실패

결국 무엇이 좋은 의료인지는 어떤 가치를 우선할지에 따라 그 모습이 달라진다. 한국의 현실에서 좋은 의료는 과연 어떤 가치를 중심으로 논의되고 있을까? 선택 논리일까, 아니면 돌봄 논리일까?

선택 논리가 지배하는 한국 의료

몰이 그려 내는 의료의 공간은 온갖 정치적 갈등과 경제적 이해관계의 충돌에서 초연히 벗어난 공간처럼 보인다. 네덜란드의 의사는 '3분 진료'를 하면서도 환자가 실손 보험이 있는지 없는지에 따라 어떤 검사와 치료법을 넣고 뺄지 따지지도 않고, 간호사는 의사와 동등한 관계에서 환자와의 진료 상담에서 중요한 역할을 하며 친절하지 않다는 이유로 환자에게 분풀이의 대상이 되지도 않는 듯하다. 환자역시 명의를 만나기 위해 인터넷으로 의사의 이력을 미리 확인하고 '빅5' 대형병원 중 어디가 좋을지 따지기 위해 여러 군데 동시에 예약을 잡지도 않는다.

　나는 한국에서 현장 연구를 하던 중 조절되지 않는 당뇨를 앓고 있는 환자가 발에 심각한 괴저가 생겨 응급실로 온 경우를 본 적이 있다. 해당 환자는 한국에서 제일 큰 병원에서 당뇨병 진료를 받은 적이 있다고 했지만, 약물 치료를 제대로 이어 가지 않았고 이제는 발을 절단해야 할지도 모르는 심각한 합병증이 생긴 상태였다.

　이 환자가 처한 상황은 한국 의료의 특수성을 집약적으로 보여 준다. 한국의 의료 체계는 매우 높은 수준에서 자유로운 선택의 권리를 보장한다. 원하는 병원에서, 원하는 의사에게 진료를 받는 일은 마치 당연한 권리이자 일상으로 다가온다. 한국에는 주치의 제도도 없고, 동네 병원에서든 상급종합병원에서든 자신이 원하는 의사를 고를 수 있고 또 그래야만 한다고 여긴다. 질병의 경중에 따라 어디서 진료를 받을지, 당뇨병 치료를 동네 의원에서 받을지 대학병원에서 받을지가 구별되어야 하지만 더 좋은 병원에 대한 환자의 선호와 의료 기관 간의 경쟁이 합쳐진 상황에서 보건의료서비스의 전달 체계가 제대로 작동하기를 기대하기 어렵다.

한국에서는 의료 보험의 재원을 가입자들이 공적으로 함께 마련함에도 불구하고, 대부분 의료 제공자는 공공 기관이 아니라 민간 기관에서 일한다. 그리고 공공과 민간 모두 더 많은 환자의 선택을 받기 위해 경쟁해야 한다. 이 시장화된 환경에서 의료 제공자들 역시 환자를 고른다. 한국의 의료법에 따르면 진료 거부는 엄연히 금지되어 있지만, 더 많은 수익을 낼 수 있는 환자군을 타깃으로 병원의 진료과를 구성하고 그에 맞추어 검사 장비와 수술 장비를 갖추어 놓는다. '필수 의료 붕괴'라고 부르는 현상은 자유로운 선택을 우선시하는 한국 의료 제도의 고유한 특성과 무관하지 않다. 모든 진료과가 환자의 상황에 따라 반드시 필요한 기능을 수행한다고 볼 수 있지만 응급의료과, 흉부

외과, 산부인과 등 진료 수익이 낮고 위험 부담이 크다고 여겨지는 과들은 진료 의사를 찾기 힘들어 유지가 어려운 형편이다.

대학병원에서 처음 당뇨병 진단을 받고 치료를 시작한 환자가 결국 제대로 치료를 이어 가지 못해 발이 썩어 가는데, 입원할 곳을 찾지 못해 한참을 헤매다가 거주지에서 한참이나 먼 병원으로 실려 오는 현실은 몰이 그려 내는 단정한 진료실의 풍경과 사뭇 다르다. 그러나 이러한 차이가 몰이 제시하는 대조점들이 한국의 상황을 이해하고 바꿔 나가는 데 전혀 적실성이 없다는 것을 뜻하지는 않는다. 네덜란드의 의료 현장에도 물론 몰이 그려 내지 않은 심각한 문제들이 있을 것이다(van der Geest & Platenkamp, 2024). 여기서 우리가 발휘해야 하는 비교문화적 관점은 한국 사회에서 '의료 붕괴'라는 표현을 사용할 정도로 심각해진 특정 영역의 과잉과 과소를 구축하는 기본 골조가 무엇인지를 이해하는 일이다. '선택'과 '돌봄'을 의료를 운영하는 각기 다른 논리 체계로 본다면, 한국이 2024년 현재 당면한 위기는 선택 논리가 지배하는 의료가 만들어 낼 수 있는 가장 나쁜 미래가 어떤 것인지 보여 주는 사례일지도 모른다.

선택에 기반한 권리 구성의 문제점

대형병원의 '3분 진료', 처치할 의사가 없어 응급실을 찾아 구급차를 타고 떠도는 환자의 사연은 모두 같은 논리를 공유한다. 선택이 떠받치는 소비자주의와 시민적 권리 주장이 모두 여기에 관여한다. 환자가 어디서 누구에게 진료 받을지 스스로 고를 수 있도록 최대한 허용하는 상황에서 수도권의 대형 병원으로 환자가 몰리는 일은 피할 수 없다. 대학병원에서 3시간을 기다려 3분 진료를 받는 상황은 선택의 폭넓은 허용이 결국은 쏠림과 독점으로 이어진다는 것을 그대로 보여 준다. 선택 논리하에서 어떤 환자는 첫 당뇨병 치료를 대학병원에서 받을 수도 있지만, 이는 결코 더 나은 치료로 이어지지 않는다. 3분 진료가 당연시되는 의료 기관에서 몰이 그려 내는 것처럼 환자의 일상생활을 파악하고 상호 협력을 구축하는 복약 지도와 혈당 관리를 위한 개입이 지속적으로 이뤄지기를 기대하기 어렵다. 그리고 이는 형편없는 결과로 이어진다. 환자는 혈당 관리의 기본적 필요도 제대로 이해하지 못한 채, 발에 심각한 괴저가 생기고서야 도움을 구한다. 그러나 대학병원은 이러한 상태에 놓인 환자의 응급 상황에는 응답해 주지 않는다. 할 수가 없다. 상급종합병원의 응급실에 근무하는 의사의 수는 매우 부족하고, 그럴수록 더 위중하고 긴급한 환자들을 우선시해야 한다. 누구를 탓하겠는가? 결국 제대로 혈당 관리를 하지 않은 환자 자신의 책임이다. 환자의 선택을 최대한 허용하는 체계는 환자에 대한 방치 역시 최대한 허용한다.

이는 물론 환자만의 문제가 아니다. 한국의 의료인들 역시 자유로운 선택과 시민적 권리의 실현을 최우선으로 삼았다. 어떤 전공 분야를 선택할지 순전히 개인의 선택으로 남겨 둔 체계에서 수익이 높다고 알려진 진료과에 더 많은 의사가 몰리는 걸 문제로 삼는 건 모순적이다. 의사 수가 현저히 부족한 진료과들이 있으니 의과 대학 정원을 늘리고 공공 영역에서 근무할 사람들을 키우자는 주장에 대다수 의과대학 학생들과 의사들이 권리 주장으로 맞섰다. 직업 선택의 자유를 보장해야 한다는 이들의 주장은 사적 재산권을 포함해 개인의 고유한 가치와 신념, 이익 추구에 대한 간섭을 최대한 배제해야 한다는 자유주의 이념에 비추어 볼 때 매우 정당한 것이기도 하다. 선택 논리에 기반한다면 의사 역시 한 사람의 시민이자 전문가 집단의 일원으로 자신의 정당한 권리를 주장하고 실현할 수 있어야 한다. 의과대학 정원 증가에 반대하는 의과대학 재학생들과 수련의 및 전공의 협의회, 의사협회의 이해관계는 제각기 다르지만, 이들 모두가 의사라는 전문직의 자율성을 옹호하려 한다. 그리고 이들의 주장은 단순히 더 많은 사적 이익의 추구에 대한 것만이 아니다. 오히려 스스로의 선택에 반드시 책임을 져야 한다는 자유주의적 가치는 수련 과정에 있는 의사들이 과도한 노동 시간을 견디고 많은 환자를 빠른 시간에 최대한 많이 볼 수 있는 병원 구조를 만드는 데 중요한 기초가 되어 왔다. 의사가 되기로 했으니, 혹은 이 과를 골랐으니 자신의 선택을 온전히 책임져야 한다는 성과주의적 규범 앞에서 많은 이들이 최선을 다했다. 그리고 이러한 경쟁과 인내의 과정을 거쳐야만 높은 직업적 역량을 갖춘 전문인이 될 수 있다고 여겨 왔다.

개인주의에 기반한 시장주의는 따라서 단순히 수익의 문제에 한정되지 않는다. 탁월한 전문성은 개인이 성취해야 하는 것이자 동시에 개인만이 성취할 수 있는 것이다. 그 탁월함의 가치는 경쟁의 장에서만 입증 가능하다. 경쟁에서 승리한다면 더 큰 보상이, 독점이 허용되어야 한다. 우리 사회가 익히 인정하고 떠받드는 가치 체계가 이와 같다.

환자중심주의의 이면

그렇다면 한국의 맥락에서 '선택'의 반대 항은 무엇이 되어야 할까? '돌봄'일까? 한국 사회에서 여성주의 철학의 돌봄 개념을 의료에 도입해 보려는 몇몇 시도는 인간의 취약성과 상호 의존성을 강조하는 돌봄 윤리가 의과학적 접근과 치료 수월성만을 강조하는 흐름에서 벗어나는 데 도움을 줄 수 있다고 기대하는 듯하다(공병혜, 2004; 이은영, 2014; 2017). ≪돌봄의 논리≫를 이러한 지향에서 해석한다면, 몰의 제안은 질병 중심에서 사람 중심으로의 전환, 환자와 의료진의 상호 협력 증진이라는 차원으로 쉽게 전용 가능해진다. 그리고 한국의 의료 장에서 이러한 주장은 어느 면에서 전혀 새롭지 않다. 환자와 의사 관계에서 발생하는 권한과 지식의 불균형을 해결하기 위해 '공동의사결정'을 해야 한다거나 '환자중심주의'를 주요 가치로 택해야 한다는 논의는 이미 광범하게 받아들여지고 있기 때문이다. 윤리적 지침의 차원에서 한국의 의료인들은 환자를 스스로의 건강과 치료에 관여할 수 있는 권리를 가진 인격적 주체로 받아들여야 한다고 교육받으며, 의료 기술의 개발과 연구에서도 환자의 요구와 가치를 우선해야 한다는 인식이 확대되고 있다(전우택 외, 2022; 차민경·박희제,

2023; 한국의과대학·의학전문대학원협회, 2017; Yeom et al., 2022). 어떤 면에서 "공감과 관계에 기반해서 … 환자 스스로 돌보는 기술을 발전시키도록 독려"해야 한다는 주장은 몰의 지향과 크게 다를 바 없어 보인다(이은영, 2017: 40).

그러나 여기서 더욱 흥미로운 점은 환자중심주의에 부착된 여러 가치가 의료 시장의 활성화와 결합하는 양상이다. 매해 병원들은 환자중심주의의 기치 아래 환자 경험 평가를 수행하고, 심지어 나라 전체에서 환자의 만족도가 가장 높은 병원이 어디인지 등수를 매긴다. 이러한 평가에는 환자의 안전 보장, 투약 오류나 수술 관련 착오 방지, 병원 내 감염 예방과 같은 요소들도 포함되어 있지만, 결과적으로는 환자의 편의를 얼마나 개선했는지, 서비스에 대한 '고객'의 만족이 얼마나 큰지를 좋은 의료의 기준점으로 삼게 한다. 즉 소비자주의와 결합한 환자중심주의는 의료에서 만들어져야 하는 '좋음'이 어떤 형상이어야 하는지에 대해 ≪돌봄의 논리≫가 그려 내는 것과 매우 다른 답을 제시한다고 할 수 있다.

환자의 역할 강화와 관련해서도 유사한 중첩이 나타난다. 환우회 중심의 적극적 활동은 한편으로는 환자가 권리 주장의 적극적 주체로 나서서 의료 환경 전반에 필요한 개혁을 요구하는 중요한 정치적 흐름을 형성하기도 하지만,

85

소비자의 권익이 강조될수록 소비자 확대를 필요로 하는 기업의 힘이 더 커지기도 한다. 전 세계적으로 환자 집단과 환자 권익 그룹은 새로운 의약품과 의료 기기에 대한 더 많은 수요를 창출하려고 하는 다국적 제약회사와 의료 기술 관련 산업의 가장 중요한 동반자가 되었다. 특히 가격은 매우 비싸지만 효과가 아직 충분히 입증되지 않는 실험적 신약을 국가가 공적 재정을 투여해서라도 도입하도록 하는 데에 환자 그룹이 매우 적극적으로 개입하고 있는 형편이다. 단 한 명의 환자를 위해서라도, 생명을 살릴 수만 있다면 그 어떤 가격의 신약이라도 도입해야 한다고 주장할 때, 여기서 상정되는 의료의 선함은 투기적 자본의 무모함과 구별되지 않는다.

참고문헌

공병혜(2004). "여성주의 윤리와 생명윤리". ≪범한철학≫, 32, 113-142쪽.

이은영(2014). "생명의료윤리에서 자율성의 새로운 이해: 관계적 자율성을 중심으로". ≪한국의료윤리학회지≫, 39, 1-13쪽.

이은영(2017). "의사소통적 여성주의 생명윤리학과 공동의사결정". ≪한국의료윤리학회지≫, 50, 40-55쪽.

전우택 외(2022). "한국의 환자중심 의사 역량 연구". ≪의학교육논단≫, 24(2), 79-92쪽.

차민경·박희제(2023). "수행되지 않은 과학하기와 전문가주의에 대한 도전: 1형 당뇨병 환우회의 사례". ≪과학기술학연구≫, 23(1), 1-39쪽.

한국의과대학·의학전문대학원협회(2017). ≪기본의학교육 학습성과: 사람과 사회 중심≫.

Mol, A.(2008). *The Logic of Care: Health and the Problem of Patient Choice*. Routledge.

van der Geest, S. & Platenkamp, C.(2024). Care as Tyranny: Miscellaneous Observations. *Anthropology and Humanism*, pp. 1-12.

Yeom, I. et al.(2022). Experiences and Perspectives on Patient-Centered Education of Medical Students in Korea. *Korean J Med Educ, 34*(4), pp. 259-271.

10
실행의 공동성

좋은 의료를 만드는 책무는 의료인에게만, 특정 전문인에게만 주어진 일이 아니다. 환자와 시민은 서비스의 소비자나 수혜자가 아니다. 의료 체계 전체가 특정한 방식으로 조직되고 작동하는 데 중요한 역할을 하고 있는 사람들이다. 어떻게 하면 의료의 공동성을 더 잘 파악하고, 그 안에서 더 나은 실천을 끌어낼 수 있을까?

돌봄 논리를 구체화하기

지금 우리가 살아가는 일상의 조건 속에서 의료의 좋음은 어디서 어떻게 만들어지고 있을까? 몰의 작업을 우리의 현실에 적용해 보면, 한국 의료를 작동하게 하는 논리 중 하나가 '선택'이라는 점은 매우 분명해 보인다.

그렇다면 이와 대비되는 다른 원칙을 파악하는 것이 중요한 과제일 것이다. 그리고 그걸 '돌봄'이라고 이름 붙일 수도 있을 것이다. 그러나 '헬스 케어도 케어다', '의료도 돌봄이다'라고 선언하는 정도로는 도대체 어떤 구체적인 맥락에서 선택으로는 달성할 수 없는 좋음이, 의료의 선이 만들어지고 있는지 제대로 파악할 수 없다. 선택과는 다른 대안적 논리를 구체화할 수가 없다.

몰의 접근 방식에서 돌봄의 좋음은 고정된 윤리 규범이 아니다. 몰은 돌봄을 선의나 헌신, 베풂과 같이 긍정적 속성을 지닌 도덕적 가치로 보지 않는다. 몰에게 돌봄은 자유주의적 합리성 개념에 이의를 제기하고 그것을 전도하는 순간을 출현하게 하는 실천에 붙여진 반(反)개념이라고 할 수 있다. 개인주의와 자율성, 능력주의와 시장을 통한 경쟁, 자유주의적 권리 개념이 선택을 중심으로 얽혀 있다면, 지금 한국의 의료 제도를 재구성하는 다른 논리는 도대체 무엇이어야 할까?

이 질문은 무엇이 좋은 의료를 만드는지에 대한 매우 구체적인 질문과 탐구가 필요하다는 것을 뜻한다. 시장주의를 배격하고 전문가의 권력을 제한하자거나 환자의 권리를 증진하자는 성근 주장으로는 어디서 어떤 좋음이 실현되는지 혹은 실현되지 않는지 충분히 파악할 수 없다. 흔히 한국 의료의 장점이라고 여겨지는 짧은 대기 시간, 높은 기술적 수월성은 경쟁과 성취주의의 일상화와 분리 불가능하다. 명의로 가득 찬 대형병원을 원하는 환자-소비자의 만족도를 높이면서도 수익은 적지만 공적 필요가 큰 진료과를 전국 어디서나 유지하는 일은 동시에 달성 불가능한 목표다. 우리는 이 둘을 함께 추구할 수가 없다는 것을 명확히 직시해야 한다. 그리고 지금 어떤 가치들이 어디서 어떻게 대립하고 있는지, 어디서 어떤 한계를 지을지 매우 구체적인 현장에서 가늠해야 한다.

그리고 이는 의료윤리와 의료관리를 서로 분리된 영역으로 설정하는 방식, 즉 윤리는 의료인 개인의 도덕적 각성이나 원칙의 문제로 보고 제도는 행정과 정책의 영역으로 구별하는 논의에서 벗어나야 한다는 것을 뜻하기도 한다. 실천에 초점을 맞추면, 어떤 제도를 어떻게 운영할 것인지의 문제는 모두 기술적 문제이자 도덕적 문제다. 의학적 기술이 고도로 발달하면서 의사 역시 전문 기술자로서의 속성을 더 많이 지니게 되었고 윤리적 측면을 경시하게 되었다는 식의 접근이 적합하지 않은 이유가 여기에 있다. 몰의 관점에 따르면 기술적 개입 방식의 변화는 도덕적 실천의 양상이 달라질 여지가 늘어난다는 것과 다름없다. 의료 관리의 측면, 즉 지불 방식의 변화나 의료 보험 제도 개편과 관련된 문제들은 의료 이용자와 제공자 모두의 일상적 실천에 깊은 영향을 끼친다. '의료 쇼핑'을 일삼는 환자-소비자를 비난하거나 실손 보험 빼먹기를 하는 개업의와 인센티브로 움직이는 대학병원 교수를 탓하는 도덕주의적 접근은 양쪽 모두가 '선택'의 논리하에서 최대한의 자율성을 발휘하고 있다는 것을, 나름의 좋음을 추구하고 있다는 것을 파악하기 어렵게 한다. 이용자와 제공자의 도덕적 결함이 아니라 이들의 실천 안에서 생성되는 중인 도덕의 양상이 어떠한지 살펴야 한다. 각각의 실천이 연결되는 방식을 바꾸어 내고 다르게 연결할 수 있어야 한다. 그래야 여기서 추구되는 선의 양상도 달라진다.

이는 환자와 의료인을 대립시키는 방식에 큰 주의를 기울여야 한다는 것을 뜻한다. 2024년 한국에서 의료를 둘러싼 사회적 갈등이 마치 '국민'과 '의사' 간의 대결인 것처럼 그려내는 것은 매우 어리석은 일이자 더없이 불행한 일이 아닐 수 없다. "정부는 의사를 이길 수 없다"라거나 "의료계는 국민을 이길 수 없다"라는 식의 대응은 각 집단이 서로 상충되는 이해관계를 갖고 있는 것처럼, 그래서 어느 한쪽이 다른 한쪽을 무력화해야만 이 갈등이 끝날 수 있는 것처럼 여기게 한다. 그러나 의료의 장 안에서는 그 누구의 정체성도, 이해관계도 최종적으로 결정되어 있지 않다. 의사의 정체성도, 환자의 정체성도, 어떤 질병을 어떤 상황에서 어떻게 맞이할 것인가에 따라 서로 간섭하며 공의존하고 있을 뿐이다. 당연히 이들 사이에는 여러 긴장과 갈등이 있을 수 있다. 그러나 그것이 우리가, 즉 의료진과 환자가 서로 다른 편에 서 있다는 것을 뜻하지 않는다.

새로운 환자주의

이 상호성의 영역을 충분히 이해하지 못할 때 환자중심주의와 전문가주의는 모두 비슷한 방식으로 좋은 의료를 어렵게 한다. 두 개념 모두 좋은 가치일 수 있다. 그러나 독립성과 자율성, 자유로운 선택을 최우선으로 하는 논리 구조하에서 두 개념은 비슷한 지점에서 실패한다. 환자-시민의 빼앗긴 권리와 의사-전문가의 고유한 권리를 주장하는 두 입장이 모두 권리의 상호 배타성을 전제하고 있기 때문이다. 몰이 '돌봄의 논리'라고 부르자고 한 영역은 이와 다른 방식으로 상호 연결성을 상상할 수 있는 공간이라고 할 수 있을 것이다.

몰은 권리의 증진과는 다른 의미에서 환자주의(patient-ism)를 상상해 볼 수 있다고 제안한다(Mol, 2008: 12). 환자주의는 소비자이자 시민으로서 환자의 권리 증진을 도모하는 개념이 아니라 질병과 함께 살아가는 일을 인간 경험의 표준으로 만들려는 시도라고 할 수 있다. 즉 소비자나 시민을 정치적 주체의 기준으로 삼을 것이 아니라 환자됨, 곧 몸의 차이와 부서짐(fragility)을 모든 사람의 삶을 관통하는 기준으로 삼을 때 다른 실천의 지향을 도출할 수 있다는 것이다. 몰은 환자주의가 여성주의와 유사한 역할을 할 수 있다고 말한다. 여성주의가 단순히 여성의 권리 증진이 아니라 정상성에 복속되지 않으려는 끊임없는 움직임인 것처럼, 환자주의 역시 자율적 주체와 수동적 대상의 경계를 흔들고 변화시키려 하는 새로운 사고와 실천의 다른 이름이 될 수 있다고 주장한다.

이러한 관점을 조금 더 확장한다면 의료진 역시 환자주의를 실천하고 구성하는 사람들이라고 할 수 있을 것이다. 의사가 어떤 역할을 하도록 강제되는지, 간호사는 무얼 하도록 기대되는지, 병원이라는 공간이 작동할 수 있도록 필수적인 역할을 수행하는 간병인, 간호조무사, 청소노동자, 응급구조사를 비롯한 수많은 노동자들이 어떤 제약과 가능성 속에 있는지를 새롭게 들여다본다면 바로 이들의 관점에서 이전과는 다른 의료를 함께 만들어 갈 수 있다. 인류학자로서 나는 의료를 다르게 만드는 힘은 우선적으로 의료를 실행하는 사람들로부터 생겨난다고 믿는다. 지금 이 순간, 질병을 다루는 사람들이 만들어 내는 실천의 양상에서 어떤 논리가 어떻게 작동하고 있는지를 깊이 탐구함으로써 더 좋은 의료를 만드는 구상을 함께 해 나갈 수 있다. 그리고 이는 의료가 전문가의 일이니 그들이 알아서 하도록 내버려 두어야 한다는 주장과는 완전히 반대되는 개입의 방식이다. 몰이 잘 보여 준 것처럼 질병에 대한 지식은 오로지 환자를 통해서만 만들어진다. 따라서 질병과 함께 살아가는 모든 사람이 이 지식 생산과 변환의 과정에 함께하고 있다. 그 구체성을 다루는 의료 현장의 일상적 실천 안에서 과연 어떤 좋음이 만들어지고 있는지 혹은 실패하고 있는지 새롭게 발견해야 한다.

한국에서 환자와 의료인이 광범하게 공유하고 있는 가치가 '자유로운 선택'과 '경쟁에 기반한 탁월성'에 대한 선호와 믿음이라고 한다면, 여기서 이탈하고 억압되는 실천들이 어디서 어떻게 만들어지고 있는지 시급히 감지하고 이론화해야 한다. 공공병원에서 의사와 환자는 어떻게 만나고 있는지, 방문 진료의 현장에서는 무슨 일이 벌어지고 있는지, 지역 보건진료소에서 간호사는 어떤 역량을 발휘하고 있는지 우리는 더 많이 알아야 한다. 병원 내에서 제대로 보호받지 못하는 노동자들이 어떤 일들을 어떻게 해내고 있는지를 인지하고 불평등과 착취의 조건들을 시급히 바꾸어 내야 한다. 병원 순위나 소비자 만족도와 같은 줄 세우기식의 지표가 아니라 각각의 현장과 환자의 삶 속에서 좋은 진료가 이루어지고 있다는 감각이 어떻게 생겨나는지 새롭게 들여다보아야 한다. 한국 의료를 이끌어 나갈 대안적 논리는 의료 바깥에서 주입되어야 하는 것이 아니라 바로 그 안에서 도래해야 한다. 각자가 처한 구체적 장소에서 생성되고, 발견되어야 한다.

몰의 논의를 통해 우리는 환자에 새로운 개념을 부여하고 이를 더 크게 확장할 실마리를 얻게 되었다. 환자는 질병과 함께 살아가는 사람이다. 질병을 당하는 사람이 아니라 질병을 실행하는 사람이다. 의료진 역시 질병과 함께 살아가는 사람이다. 질병을 제거하는 사람이 아니라 질병을 실행하는 사람이다. 이 실행의 연쇄 속에, 다양화의 진동 속에 모두가 함께 있다. '선택'은 언제든 병들 수 있는 몸,

낡고 부서지고 그리하여 필멸하고야 마는 몸과 함께 살아가는 가장 좋은 방식이 아닐 수 있다. '돌봄'은 자유로운 선택의 추구를 통해 가장 좋은 가치에 도달할 수 있다는 환상과 양립할 수 없는 실천의 양상들이다. 필멸의 몸에 주의를 기울이고 차이에 조응하는 일이다. 몸의 부서짐과 예측 불가능성을 진지하게 받아들이고 질병을 함께 살 수 있는 것으로, 심지어 즐길 수 있는 것으로 만들고자 애써 보는 일이다. 그것이 의료다. 여기서 의료진은 간호사와 의사에 한정되지 않으며, 다양한 일에 몸담고 있는 수많은 보건의료 노동자와 환자가 창조적 실행가로 늘 함께하고 있다.

참고문헌

Mol, A.(2008). *The Logic of Care: Health and the Problem of Patient Choice*. Routledge.

아네마리 몰(Annemarie Mol, 1958~)

인류학자, 철학자. 위트레흐트대학교에서 의학과 철학으로 석사 학위를, 흐로닝언대학교에서 철학 박사 학위를 받았다. 의료에 대한 인류학적 연구를 장기간 수행했고, 의료사회학과 페미니스트 과학기술학 분야를 넘나드는 작업을 해 왔다. 인류학적 연구 방법론을 기반으로 서구 철학의 주요 개념에 개입하는 작업을 발표하며 학계의 주목을 받았다. 2010년부터 암스테르담대학교에 '몸의 인류학' 교수로 있다. 주요 저서로는 문화기술지에 기반해 질병의 존재론을 이론화하려 한 ≪바디 멀티플(The Body Multiple)≫, 당뇨병 치료에 대한 현장 연구를 기반으로 의료의 주요 구성 논리를 탐구한 ≪돌봄의 논리(The Logic of Care)≫, 먹는 행위의 일상성으로부터 인간 조건에 대한 철학적 개념화를 도모하는 ≪먹기를 이론화하기(Eating in Theory)≫ 등이 있다.

서보경

서울대학교와 호주국립대학교에서 인류학을 전공했다. 태국과 독일, 한국에서 의료 보험 제도의 성립과 돌봄의 정치, 이주노동과 여성 건강, 감염병 대응에 관한 연구를 이어 가고 있다. 2025년 현재 연세대학교 문화인류학과 부교수로 있다. 주요 논문으로 "'역량강화'라는 사회과학의 비전", "Patient Waiting: Care as a Gift and Debt in the Thai Healthcare System", "Populist Becoming: The Red Shirt Movement and Political Affliction in Thailand"가 있다. 지은 책으로는 ≪돌봄이 이끄는 자리: 모두를 위한 의료와 보살피는 삶의 인류학≫, ≪휘말린 날들: HIV, 감염, 그리고 질병과 함께 미래짓기≫, ≪마스크가 답하지 못한 질문들≫(공저), ≪아프면 보이는 것들≫(공저)이 있다.